本成果受到中国人民大学"985工程"的支持

Immanuel Kant

康德教育哲学文集

（注释版）

[德] 康德　著

李秋零　译注

中国人民大学出版社

·北京·

前　言

李秋零

在人类思想史上，康德毋庸置疑具有极为重要的地位。在18世纪，一方面受自然科学的成功所鼓动而分别力图按照数学、物理学模式建立哲学体系的理性论和经验论哲学经过长期争论，各自在认识的起源、真理性等一系列问题上走进了死胡同；另一方面与经验论伴生的机械唯物主义则把自然科学的研究方法直接挪用到对人和社会的研究，在以“人是机器”为代表的观点下把人的道德、信仰等等统统纳入机械因果关系的范畴，严重地威胁着人类的自由和尊严。哲学的倾向同样反映在如火如荼的启蒙运动及其影响下的法国大革命中。以理性、自由为旗帜的法国大革命，尤其是在雅各宾专政阶段，逐渐地暴露出其非理性、非自由的一面。正是在这样的历史背景下，生于启蒙、生为启蒙的康德开始了自己的哲学思维。

康德凭借深厚的哲学素养和卓尔不群的思辨能力，独辟蹊径（绝不是调和、折衷），在批判的原则下，对自然和人类社会生活、精神生活的各个领域进行了深入的思考，建立起一个可谓无所不包的批判哲学体系，其立论之新颖，其论证之严密，其思想之深邃，其影响之深远，绝非是三言两语的评价所能够涵盖的。[①] 康德的哲学不仅使理性论和经验论的争执永远成为历史，而且为哲学、形而上学的发展指明了一个新的方向。尽管康德的同胞，包括被视为和自视为他的学生的费希特等古典哲学家尽力把他所开辟的新航向拉回到传统的形而上学轨道，甚至在黑格尔那里还曾再次达到传统形而上学的最后辉煌，但同样是康德的同胞胡塞尔所开创的现象学及其所影响的各种思潮才真正地弘扬了康德的思想，成就了现代西方哲学的多彩多姿。正是在这种意义上，才有了日本哲学家安倍能成的“蓄水池”之喻。

康德哲学的意义不仅仅在于德国、欧洲、西方。相反，正如康德喜欢使用的“世界公民”这个概念一样，他的哲学是世界的、全人类的。因此，康德的著作理所当然地受到世界的关注，迅速地被翻译成各国文字。康德著作的第一个中文译本是周暹与德国人尉礼贤合译：《人心能力论》，上海，商务印书馆，1914 年出版（严格说来，它并不是康德的一部专著，而是康德致医生胡弗兰德的一封探讨养生之道的信，主张心灵具有控制病体感觉的能力，后被康德编入《学科之争》）。此后，随着研究的深入，康德的哲学著作陆续被译成中文。到世纪之交时，可以说康德的主要哲学著作都已经有了中文译本，个别著作如《纯粹理性批判》、《实践理性批判》的译本达六七个之多。2010 年，本人主持编译的《康德著作全集》（9 卷本）由中国人民大学出版社全部出版。至此，康德生前所出版的著作全部有了中译本。

---

① 请参见本书序言。

《康德著作全集》的出版，首次提供了全面的、系统的、统一的康德著作中文译本，有力地配合了长盛不衰的康德哲学研究，因而不仅受到学术界的普遍欢迎，而且还引起了不少收藏家的兴趣。然而，由于中文版《康德著作全集》完全遵从德文科学院版的体例，按照时序来编排康德卷帙浩繁、涉猎广泛的著作，不免让一些读者使用起来觉得不方便，于是就出现了按照内容分卷出版的呼声。中国人民大学出版社决定顺从这种呼声，出版这套《康德文集注释版》。与我合作多年的责任编辑杨宗元女士不辞辛劳地承担了总体设计、编纂体例、各卷内容划分等方面的繁重工作，终于使它以目前的面貌出现在公众面前。

这套《康德文集注释版》除康德的三大批判合集之外，又分为《康德自然哲学文集》、《康德认识论文集》、《康德道德哲学文集》、《康德政治哲学文集》、《康德历史哲学文集》、《康德宗教哲学文集》、《康德人类学文集》、《康德教育哲学文集》、《康德美学文集》。各文集的编辑体例是首先按照时间顺序排出康德的独立著作，然后按照时间顺序排出文章或从其他独立著作中做出的摘录，并在各篇的结尾注明了在《康德著作全集》中的出处。由于个别文本实在不易分类或者内容交叉，所以有的书中的内容会有少量重复。另外，在编纂的过程中，本人又为过去未出版过单行本的著作译出了《科学院版编者导言》和科学院版编者注，并在必要的地方加了少量的编译者注。当然，本着“译事无穷尽”的原则，也对正文中的个别文字做了改进。希望这套文集能够满足读者们的愿望。

此外，读者在使用本文集时，务请注意边码和注释：

1. 本书所注边码的格式为 a [X]，其中 a 为科学院版《康德全集》的卷次，X 为该卷页码。注释中所谈到的《康德全集》

的页码均指科学院版《康德全集》的页码，可参考本书边码。

2. 科学院版编者所使用的康德书信版本是《康德全集》第Ⅹ—Ⅻ卷的第1版，而现在通行的版本则是第2版，为方便读者，编译者将其注明的第1版页码置于“[ ]”中，直接注出的则是第2版的页码。

3. 本书中的注释既包含康德的注释，也包括科学院版编者的注释，还有部分编译者注。其中科学院版编者注和编译者注均已注明，康德所写的正文部分的注释未注明注释者的为康德本人所注，《科学院版编者导言》中未注明注释者的为科学院版编者所注。

序：哲学的开普勒改革

苗力田

德国古典哲学同于古希腊哲学，其主流都是思辨的，theooreetikee或spekulativ。这两个词形式虽然不同，但根本意思却是一致的。在古希腊语中，这个词的主干horan的意思是观看，在现代德语以及其他一些西方语言中，这个词来源于拉丁文的specula，其含义同样也是观察。总之，在西方古代人看来，观看是各种感觉中最细密、精确的，它是思想的直观形象，一切思想也都离不开观察。由于思辨这个词其古希腊语的名词形式theooria被转拼为西方现代语Theorie后，解为理论，所以思辨和理论思维实际上是同根词、不同时代的同义语。可以说过去的思辨即今日的理论思维，今日所说的理论思维也就是过去的思辨。所谓思辨哲学就是运用理论思维，探索理论思维，以理论思维为主体的哲学，它以理性为中心，无疑是锻炼理论思维的理想操场。

王山①教授康德（Immanuel Kant，1724—1804）是德国古典哲学创始人，他以彻底的德意志精神探讨了思辨理性的来源、范围和客观有效性。思辨哲学存在两种思想方式（Denkart）：一种是实体论（ousiaology）的，一种是现象学（phainomenology）的。实体论的思想从对象的存在 Sein 入手，而思辨它们的存在方式。现象学的思想则就对象的显现 scheinen 来探索它们显现的表象。在德国古典哲学中，黑格尔哲学是实体论思想方式的典范。他从最单纯的存在出发到绝对理念为止，描述思辨理性、概念运行的整个历程。而 20 世纪在西方哲学中成为主流的现象学的思想方式，则把康德公认为其先驱。思辨哲学爱智慧，尚思辨，以科学为目的。它把人首先当做理智存在，当做理性实体，是人类一切活动的主导。但在强调理智的主导的同时，传统的思辨哲学却忽视了感觉，排斥了感觉，认为感性认识是错误的道路，至多不过是可是可否，或是或否的意见 doksa；只有理智的思维才能保证走上真理的道路。但是，感觉经验是人们知识的来源，离开了感觉经验，知识没有其他来源，否定了感觉，就必然陷于怀疑主义，否认一切认识的确定性。近代经验哲学，强调感觉经验，认为它是知识的惟一来源，一切知识莫不来自经验，即使科学上的概念和规律，也不过是经验的集合而已。感觉是个别和偶然的，所以经验哲学否定规律的普遍必然性，破坏纯粹哲学，毁灭一切科学。

---

① 哲人的故乡 Königsberg 在大多数文献中都音译为哥尼斯堡，很容易误导，因为 Berg 原义为山岗，而非城堡 Burg，把 Berg 译解为堡，一个字母之差，意义却相去甚远；而 König 本义为君王，似可仿意译牛津者，译作王山。前译虽通行成俗，今就《康德著作全集》发行之便，借以正之，岂多事乎？（但在正文的翻译中，为了既纠正“哥尼斯堡”译法的失误，又不致因“王山”译法而惊世骇俗，采用了中庸的译法“哥尼斯贝格”——李秋零）

在康德看来，传统的思想方式，不论是理性主义，还是经验主义，都妨碍了近代科学的发展，不利于认识的扩大和加深，这样的思想方式必须加以改革，Umänderung der Denkart。上述传统的思想方式，一概被称为独断论，它是片面的，专制的，空话连篇，不着边际，必须以思辨哲学在以理性为中心的前提下加以改革，在提出什么学说和论断之前，对认识能力自身加以批判和清理，确定认识的来源、范围和客观有效性。其基本方案和理念，就是：

> 作为预定的方案，必须首先指出，人类的认识（Erkenntnis）具有两个主干，它们也许出自共同的，尚不为所知的根基，这就是感性（Sinnlichkeit）和知性（Verstand）。通过前者对象被给予我们，通过后者它们被思想。（B29）

对这两支主干（Stämme），后来他又更加详尽地解说道：

> 我们的本性自身就是如此，直观只能是感性的，也就是只能包含于我们对象所刺激的方式。与此相反的（dagegen）是思想感性直观对象的能力，知性。对这两种特性（Eigenschaften）任何一个都不能偏爱。没有感性，对象就不会被给予我们；没有知性，就不能思想对象。思想没有内容是空洞的，直观没有概念是盲目的。……这两种能力不能相互代替。知性不能进行直观，感觉不能进行思想，只有把两者结合在一起，认识才能发生。（B75）

为什么只有把感觉和思想结合起来，认识才能发生呢？王山教授这里所说的认识是西方实验科学已呈辉煌时代的认识，是出现了伽利略（1564—1642）、开普勒（1571—1630）和牛顿（1643—1727）之后的认识。这个时代的科学认识，不但要求普遍必然，还要求开拓创新。对于这样的要求，单纯的理智是不能满足的，因为理智的功能是概念推论，从大前提到结论，其结论当然是普遍必然的，但不能扩大人们的认识，加入新的内容。因为在概念推论中的结论已经包括在前提概念之中了。正如教授指出的，科学如仅靠概念推论，甚至连“两点之间直线最短”这样的命题也得不出来。因三和两是量的概念，而长和短是质的概念，从量的概念无论如何是推不出质的概念来的。反过来，感性直观虽然有能力直接接受表象，从而扩大认识的范围，丰富认识的内容，但是，这些表象都是个别的、杂乱的、偶然的，如不经过思想的关联调整，便形成不了概念。据说，牛顿万有引力定律是由看到苹果堕地引发的，但如果不加思想，每次苹果的落地都是个别偶然的，即使看到亿万次，终生终世也得不出一个普遍必然的万有引力定律来。所以，要求不断扩大、不断加深、不断更新的普遍必然的科学必须有两个主干，认识的能力必定有两种特性，思辨理性的运行轨迹虽然以理性为中心，但应该有两个焦点：感性和知性，直观和思想。像我们所栖息的星球一样，要循着椭圆形。那些唯什么单一中心的主义，不过是上帝创世一神教的反刍而已。

这样思辨哲学自身也被扩大了，它把原本拒之门外、视为异类的感觉接纳回来，浪子回头金不换，因而感觉立刻成为离开它认识就不能发生、思辨理性亦无法运转的焦点了。感觉经验之所以能够成为思辨理性运行的焦点，生成普遍必然的认识，在康德看来这就证明着非经验的东西，它们的普遍必然的有效性，所依据的并不是经验而是一切经验背后的、直观的先天原理，这就是空间和时间的一般概念。凡是空间和时间的科学，几何学和算术学都少不了空间和时间概念，它们是直观的纯形式，或者称为先天直观。因为无限空间和无限时间的概念，绝不来自有限空间和时间的经验直观的结合，无中不能生有，集有也不能成无，而是来自共存或相续的属性。个别的空间和时间只显现为整个空间和时间的部分，没有一般的空间在先，就不能表象个别的空间。由于空间和时间只与个别的、特殊的对象相关，所以它们自身只能是直观的先天形式，它在一切经验直观的背后，一切个别偶然之先前，所以是普遍必然的。空间是外感觉的形式，一切外在经验中的对象都在空间中排列着，伸延着。时间是内感觉的形式，一切思想和概念的活动都先后连续着在时间中运行。所以，空间和时间这样的纯直观先天形式，只有在经验中、相对经验对象而言才有实在的意义，因而专门称之为经验的实在性（die empirische Realität）。这些形式一旦离开经验，离开了经验对象就百无一用，完全成为观念，脱离了实际想出来的，故而称之为先验理想性（die transzendentale Idealität）。进一步说，空间和时间这些先天形式，只能在直观中、在经验中才具有普遍必然性、客观有效性。如果离开了直观，离开了经验，数学也就没有普遍必然的命题，人们连 7＋5＝12 都没法判定。它们更不是事物本身的属性，如果它们是事物本身的属性，那么作为存在者，上帝也就难免在空间和时间中而属于有死之伦了。因为，它们既然是一切存在者的属性，作为一种存在者的上帝当然也应在空间和时间的变灭之中。这样，独断论不但被戴上了怀疑主义的帽子，还被加上了无神论的帽子。

不但感性直观以先天的形式成为思辨理性的一支主干，在知性上这一原则同样适用。思想也有着自己的先天形式范畴。应该说明 Verstand 这个词解作知性，只有在康德的专业用语中，也就是只有当它相对于感性（Sinnlichkeit）和理性（Vernunft）而言时，作为认识能力之一才是有效的。当然也可以解译为理智、理解，但这样在词组上就不相搭配了。知性的功能是思想，思想和直观不同，直观因受刺激而发生，是接受的，被动的，而思想的对象只是由自身而生成，所以是主动的。由于这种思想的主动性，先验逻辑的范畴也与普通逻辑的范畴不同。普通逻辑的范畴是传统实体论思想方式的产物，是独立于认识主体之外的实体，或者是实体的属性。概念乃是实体的模仿，这样的逻辑只能用于概念推理。它虽然可以头头是道，无懈可击，它们推论所得的命题可以是普遍必然的，但结论已在前提之中，没有新内容，无助于扩大认识的领域。而先验逻辑的范畴，应该与直观形式一样，是先天的，既不来自经验，也不是作为实体对象的属性。它们是思想判断的先天概念。因为思想即是判断，把主语和谓语联结起来，范畴就是把感觉经验所提供的杂多材料调整、联结为普遍必然规律的先天概念。所以，范畴的数目应该与判断的类别相适应。如若判断分为量的、质的、关系的和程式的四种，再将每种判断分为三类，这样就得出了思想的十二种先天概念、范畴。虽然王山教授对自己这方面的创新性非常自信，并当做以后研究的框架，但 200 年的历史证明，这套逻辑的范畴，实在不过是现象学思想方式、先天论的一种表述而已。所谓的先验逻辑终究没有能够将亚里士多德的逻辑取而代之。这些范畴被认为是普遍必然的有效原理，是一切自然科学的最高前提，它们是思想的先天概念，所以其普遍必然有效性，不需任何经验加以证明。但是，一切认识都从经验开始，先于经验我们没有认识，自然科学也不例外，将范畴应用于感性经验所给予的自然对象，就必须通过数学公式。因为自然是在空间和时间形式中感性表象的体系，并且须按照范畴来调整，加以规律化，所以，自然形而上学的诸要素，也就在范畴和直观纯形式的基础上，全部被当做普遍必然的运动规律。

现象学是思辨哲学的开普勒改革的必然结果。把感觉经验看做认识的一支主干，是思辨理性运行的一个焦点。感觉经验不但是认识的开始，并且伴随着全部认识的始终。以人为理智的存在，思想实体，本身即具有先天论的性质。所以，空间和时间这样的直观形式虽然是感性的，却不来自感觉经验，而是先天的。对感觉来说，它们是不变的，对一切感觉经验都具有普遍有效性。一切概念，一切原理，都不能离开经验直观，即使是先天的，也与感性直观相联系，与可能的经验材料相联系。思想就是把所与的直观与对象相联系的活动，感性直观是我们惟一可能的直观，抽象出一切感性直观的条件，纯范畴就不能规定任何对象。这样，先验逻辑的原理只不过是现象规律的揭示罢了。科学是普遍和出于必然的判断。

现象（Phaenomenon）这个词在西方哲学文献中出现很早。在柏拉图和亚里士多德的著作中就提出爱智慧的人要追随现象，哲学的目的是拯救现象。在古希腊语里，这个词本是动词显现(phainein)的被动式现在中性分词，意思是被显现出来的。在其他场合王山教授也用这个词的德语形式 Erscheinung，它出自动词 scheinen，意思同样是显现。从这个词的本身，就可以看出，把认识的诸对象称做 phaenomena，称做 Erscheinungen，这表明它们并非独立于主体的存在，而是依赖于主体被显现出来的东西。关于现象，他作如下界定：

> 当我们为对象所作用时，对象能力的结果就是感觉（Empfindung），通过感觉对对象的直观（Anschauung）叫做感性直观，一种感性直观的未被规定的对象，叫做现象（Erscheinung）。（B34）

有的场合 Erschauungen 和 Paenomena 在一起用，那就似乎不能不加以区别了，如：

> 显现（Erscheinungen）就它们作为依范畴统一性而思想的对象而言，就成为现象（Phaenomena）。（A249）

总而言之，不论就感觉直观而言，还是就思想而言，在先验逻辑里认识对象都不是独立于主体的实体，而是一种被给予而显现的现象，或者叫做感性本质（Sinnenwesen）。人的认识，可以提其神于太虚而俯之，但它仍脱离不了感觉，脱离不了现象。如若把范畴仅作先验的运用，也就是仅运用于推理，实际上是没有运用，它没对对象作任何规定。范畴也是现象的形式，现象是它们惟一的对象，故而纯知性只有经验的运用，从未有先验的运用。一切知识必须来自经验，理性脱离经验只能产生矛盾、怀疑，漠不关心，自相分裂。传统的实体论思想方式没有对自身进行批判反思，完全是古老的野蛮作风，各行其是，称王称霸，把哲学变成了一个内争不休的战场（Kampfplatz），最后过渡到破坏一切的无政府主义、怀疑主义。而纯粹理性即是思想自身，须在自身之内把握它。先天的即是彻底必然的，是尺度。要把思维（zu denken）和认知（zu erkennen）加以区别，两者是完全不同的。思维的原则是自由，以不相矛盾为标准，认知的标准是必然。所以前者与预设相类似，思想则应保持其自由，百家争鸣，各有主张。除了无休止的战场以外，形而上学又是一本理性财产的清单（Inventarium）。

传统形而上学，完全是孤立的思辨理性，在概念中打圈子，即使经验主义也一样，也没有涉及认识的来源，认识的能力，以及客观有效性。使认识服从对象，就不能提供先天的东西，不能扩大它。实验是按事先设计的策划而进行的，实践是检验真理的标准，真理已经先在了，实践是为着检验这个既定东西而策划出来的。如若概念的规定服从对象，难以得到先天的、普遍必然的知识，那么对传统的思想方式进行改革，反转过来对象只是现象，它们在经验中被给予，超出一切可能经验便不可能有与之相应的对象。所以，认识能力纯粹运用的标准，首先是普遍性，因为认识不但出于（aus der）经验，从经验开始，而且伴随（mit der）经验前进。在经验中，普遍与特殊的区别是显而易见的，在经验外，严格的普遍与随意摆布也不难区分。与此同时，也就出现了必然性的概念。因为严格的普遍，就表示着亘古如一，不能或此或彼，或是或非。既然经验的东西都是个别和偶然的，是后天的（a posteriori），那么由普遍性而取得必然性，也就当然是非经验的 a priori，是先天的了。普遍、必然和先天是三位一体的，这才是认识的根源（Ursprung）。感觉经验到的首先是物体，物体是个体，是偶性。如若抽去这一切的个别和偶然，所剩余的就是必然，也就是物体所占有的空间，这种必然性是认识先天所具有的。普遍性是空间，外感觉的本性，由空间过渡到时间，内感觉的必然性。空间和时间是感性直观的形式，它们都出于认识能力的纯粹运用，是先天的。

但是，王山教授特别指出认识能力的这些纯形式，并不像柏拉图用理念的翅膀飞翔在无空气阻力的纯粹真空中。纯粹理性的先天认识，并不脱离尘俗世界，并不抛弃后天经验，没有感觉经验的支撑，认识能力就无以发挥，思辨理性就不能运转。先天的认识，科学的判断，不能单纯来自概念分析，概念分析不能扩大人的认识，更新人的知识。人们所追求的认识，不但是普遍和必然的，更要扩大它，更新它，这就离不开经验。如若认识所追求的仅是普遍必然性，那概念分析就是最方便、最可靠的了。从存在概念甚至可以分析出一个创造宇宙万物的上帝来。判断是认识表示其断定的基本形式，如若谓语先天地潜存在主语之中，这个判断必定是必然的，不需任何实践经验的证明。例如，断定物体是广延的，不需任何经验就可以知晓这是必然的。因为，广延概念本已包含在物体概念中，广延概念就是从物体概念中分析出来的。就是闭着眼睛也可断定这个判断是必然的真。进一步说，断定物体是重的就不一样了，就必须用手去托一托，用秤去称一称，不然就难以断定这一判断是否为真。只有经验才能向主体提供新事物，扩大认识的领域。虽然经验的东西都是个别的，既没有普遍性，更没有必然性，但经验却似一张无远不及的无形大网，把对象的一个部分和另一个部分联结起来，大漠孤烟直，长河落日圆，形成综合联结，一个总体表象。知识因之更新，认识由此扩大。总之，认识不但因经验而开始，并且在整个进程中还要不断伴随着经验。认识必须以经验为对象，以经验为范围，感性认识是这样，知性

认识亦是如此。所以，

> 这样看来，知性的纯概念绝不允许有先验的运用，只能是经常作经验的运用。纯知性原理只能应用于可能经验的在普遍条件下的感觉对象，永远不应用于那些物一般，而不顾及我们对它们可能直观的样式。(B303)

关于知性和感性的关系，在以下这段文章里，王山教授有着更明确的交代：

> 在我们，知性和感性只有在它们联合运用的时候，才能规定对象。如若把它们分开，我们就有无概念的直观或无直观的概念。在这两种情况下，我们不能把表象与任何规定对象相联系。(B314)

认识对象必须与认识主体相关联，对象是主体的对象，离开主体就没有对象，这个现象学的基础命题，反而百分之百是概念分析，同语反复，并成就其普遍必然的真。那些反复追问着在人存在前地球是否存在的人们，正是割裂了对象和主体的认识关系，脱离了认识主体而泛论对象的。对象即对象，主体即主体，鸿沟万丈，非此即彼，使对象成为无规定的对象，主体成为非认识的主体，这反倒是典型的形而上学和繁琐哲学了。实体论思想方式就是这样提问题的，圆凿方枘，当然难以找到共同语言。如若对象离不开主体，我们所认识的对象只是现象，它们只与可能经验相联系。认识的感性来源使知性也必须以感性对象为材料，这样就把认识限制在感性天地里，被封闭着。

空间和时间仅仅是感性直观的形式，仅仅是显现物的存在条件。由于概念是与直观相应被给予的，所以，此外我们也没有更广的知性概念，也就是说，对事物的认识，我们也没有其他要素。这一切道理实际上已经包括在对象（Gegenstand）这个词之中，全部命题都可以从对象概念分析出来。因为它既相对地（gegen）站立着（stand），当然是离不开主体的，离开了主体，它就失去了对立物，无所gegen，也就无处可站，无地自容了。对主体来说，它们不是观念的集合，为主体所派生，理所当然，只是些被显现的。但对象作为被显现的、作为现象，并不像那些粗陋见识所理解的那样，就不存在了。恰恰相反，在先验论学说中，对象惟有在经验中，才能实实在在地被空间和时间所规定，成为看得见，摸得着，在运动中，站出来的存在（existenz）。这也就是空间、时间经验实在性真正意义之所在。离开了经验，摆脱了主体，譬如说人类出现前的地球，当然存在，但只是个未被规定，花非花，雾非雾，不是什么的是，也就是黑格尔的那个纯存在，词典上那个不定式的存在Sein，不能说它是什么的存在。存在和是，在西方哲学里，自古希腊哲人始就是同一个词。而认识的任务，思辨理性的概念，恰恰就在于规定对象，说它是什么，赋予知识以内容，开拓知识的领域，推动科学的发展。改革思辨哲学，以现象学思想方式补充实体论的方式，实在是科学发展时代的需要。

然而，人无完人，法无成法，放之四海而皆准，历万世而不变的理论，同样是没有的。这里，思辨理性、理论思维虽然赋有了实在意义，推动了科学的发展，但王山教授自己也指出了它的消极的（negativ）方面，因为按照这种现象论，认识只限于经验范围，这就缩小了理论活动的场地。更有甚者，甚至于可以使人以此为依据陷于狭隘的经验主义，短浅的功利主义，使纯粹的理性活动面临被扼杀、被取消的危险。而认识的王国是普遍必然的王国，如果把它无限地扩大了，处处是普遍必然，人人是手段工具，个性就要被取消，自由就要被剥夺，也就没有德性伦理学了。但在另一方面，这种对认识的限制也有积极的（positiv）方面。因为这种限制使思辨理性见到了自己能力的应用范围，不再妄自尊大，以为无所不知，而有所止，为纯粹理性让出更大的空间，这是更实在的空间。对于人类这是绝对必要的，因为认识如若是理性的，也就是说在认识上应该有着先天性。这种认识与对象的关系并不是单一的，而是双重的，它不但通过思辨理性，从理论上将对象加以规定（zu bestimmen），还要使认识成为现实（wirklich zu machen），这后一种功能就是实践理性了。如果我们只承认思辨理性的权威，把认识不断扩大，把一切对象都当做是可能经验的，这样把本来不是经验对象的东西当做现象，而宣布纯粹理性扩大不可能，人们的一切活动，认识的一切对象都在普遍必然的控制中，就会剥夺自由，没有信仰，没有思想，没有道德，回到野蛮和愚昧。所以，为了给信仰留余地，就必须限制知识了。

在过去几十年间，这是给王山教授招致许多非议的命题，按照批判者所持分量的轻重，帽子尺寸的大小，对 das Wissen aufheben 中的 aufheben 即可作不同分量的译解，从消灭、扬弃以至限制。其次对信仰 Glauben 一词，是对什么的信仰，是上帝，还是自由和真理，还是三者都是也各取所需。首先，把被马克思主义奠基者与法国政治革命相提并论，尊为德国哲学的革命者的康德，说成是必须取消知识的蒙昧主义者，似乎是责之过重了一些。从语境的上下文看来，似乎以译限制为恰当些。

因为限制了知识是将认识锁定在现象世界，以保持科学判断的普遍必然性，不断扩大，不断更新。与此同时也给纯粹理性，精神生活，特别是实践理性保留了更广阔的天地，使它不为普遍必然所拘束，不为外界因素所宰制，自由驰骋。所谓Glauben，从上下文可以判断，实际并非专指对万能上帝的信仰，而是一般的道德信仰，对天上森罗星空和胸中庄严道德律的信仰。所以，纯粹理性有一种绝对必然的实践应用，在应用于实践的时候，它不可避免地要越出感性界限和必然的宰制。

当纯粹理性摆脱了感性的羁绊，冲破了现象的罗网时，它就完全是自由的了。在现象世界里，对象是通过表象与主体相联的，它是一个被显现的物，与他物相关的物。在摆脱了感性之后，它就割断了尘缘，消除了所有外在束缚，单纯地就自身而存在着，成为自在物（Ding an sich）。如若把由显现物构成的世界称为现象（Phainomena）的世界，那么由自在物构成的这个世界就称为本体（Noumena）的世界。两种物在认识上完全对峙着，互不相容。一种是感性对象显现的，与他物、与主体相互依存，本体则超乎空间时间之外，不依存于任何感觉经验，而是纯粹理性的思想对象。而本体Noumenon这个词出于古希腊语思想noein，是noein的被动式现在中性分词，本义是被思想的。这样看来，现象和本体，依他物和自在物在认识上虽属不同世界，在存在上却不是两个物。任何一个对象，在感性直观可以捕捉到的范围内，它是现象。然而，当眼睛看不见，双手也摸不着，任何扩大感性能力的工具都无能为力，只有凭理性去思想它的时候，它就成为被思想的，就是自在物了。一花一世界，一叶一如来，任何对象，既是现象的，也是本体的，既是依他的，也是自在的，既是可知的感性本质（Sinnenwesen)，又是仅可思的知性本质（Verstandeswesen）。按照先验论的一切对象只能通过直观被给予的根本原则，可以断言，知性本质作为被思想的对象，纯粹理性也必定有某种非感性的直观，那就是理智直观（die intellektuelle Anschauung）。理智直观本身在空间和时间之外，直接把握自己的对象，就只能是本质和整体，被称做理性的理念。理性理念有三个，作为外感觉的总体，它是世界；作为内感觉的总体，它是灵魂；作为内外综合感觉的整体，它是上帝。如若我们在这里暂且不去批判其从后门放进上帝的不彻底性，换个角度窥测一下，从上帝理念也不过是综合感觉的整体来看，不是更应该断定，即使在纯粹理性领域，感觉经验仍然是一个不可缺少的运转焦点，王山教授是思辨哲学的改革家，现代西方现象学方法的先驱吗？

目 录

教育学

相关论述

教育学

科学院版编者导言

保罗·纳托尔普（Paul Natorp）

这部作品的产生已为人知。康德有义务与哲学院的其他教授们轮流举办教育学的公开讲演。他总的来说讲过 4 次，最初在 1776—1777 年冬季学期，然后在 1780 年夏季学期，此外在 1783—1784 年冬季学期和 1786—1787 年冬季学期。第一次他典型地是讲授巴泽多（Basedow）的方法论著作，从 1780 年开始按照当局的安排（procepto regio）讲授伯克的《教育艺术教程，供基督教教育者和未来的青年教师使用》（1780 年在哥尼斯贝格由哈同出版）；但（如林克在前言中所说）"无论是在研究的进程上还是在原理上都并不精确地遵循它"，毋宁说是根本不以某种方式遵循它。他把借这些讲演之机搜集的笔记和写下的评注——"它们按照哲学家的习惯写在一张张纸片上"——交给林克，要他"从中挑选出对公众最有用的东西"。舒伯特（Schubert）在他的版本的前言中（《康德全集》，第Ⅸ卷，ⅩⅤ～ⅩⅥ页；也请参见第Ⅺb 卷，155 页）如是说明。林克是否真的仅仅以修辞上的加工复述了这些笔录，以及他是否为它们的排列在手稿中发现了足够的依据，或者是被迫完全或部分地自己建立这种排列，这就很难澄清了。至于我们看到的这部作品并未使人认识到一种令人满意的编排，这一点是肯定的。施特吕姆佩尔（Strümpell：《康德、费希特和赫尔巴特的教育学》，1843）曾以并不令人信服的结果致力于把在作品中相互并列的不同观点纳入内在的一致。把这部作品放在"教育学丛书"（莱比锡，西吉斯蒙德和福尔克宁等）配以珍贵的导言和注释出版的威尔曼（O. Willmann），在自己这方面提出了一个划分图式（118 页）。他把“正文”（455 页）、“论自然的教育”（456 页）、“论实践的教育”这些小标题视为林克的“笨拙的附加”，在这一点上他是对的。除此之外，他敢于做出一些较小的位置移动，他甚至觉察到，插话在康德那里并不是什么非同寻常的东西。福格特（Th. Vogt）也（在他的版本中，曼［Fr. Mann］的“教育学经典作家丛书”，第 XIII 卷，第 3 版，朗根萨尔察，1901）提供了一种精确的编排（没有改动的尝试）。在缺乏做出某种纠正的任何基础的情况下，看来还是就材料的编排而言原封不动地刊印林克的文本好。威尔曼也对这些笔记的产生时间表达了猜测。从在教育学的划分中未使用范畴，以及从在这部作品中表达的观点在他看来与批判时期的代表作不一致的细节中，他作出推论，认为这些笔录在本质上必然还属于前批判时期，对此，惟有与对康德实践哲学的发展的一种全面的研究相联系才能作出裁定。——林克的版本于 1803 年在哥尼斯贝格的 Fr. 尼克罗维那里出版。林克的前言签署为“1803 年春季博览会”，联系到与福尔摩关于《自然地理学》的编纂的著名争执（参见格丹的导言），这个版本是惟一的单行本。这部作品曾在罗森克兰茨–舒伯特和哈滕施泰因的全集版本中，在两个已提到的教育学经典作家文集中，也在弗勒利希（G. Fröhlich）的《教育学经典作家》（朗根萨尔察，F. G. L. 格雷斯勒的教科书书店出版，第 XI 卷）中重印。

编者前言

9〔439〕

按照一个较早的规定，过去在哥尼斯贝格大学一直必须，确切地说是每次轮流由一位哲学教授给大学生讲授教育学。这样，有时也就遇上了康德教授先生的系列讲座，他在此时以他昔日的同事、教会监理会成员 D. 伯克①编的**《教育艺术教程》**为基础，但无论是在研究的进程上还是在原理上都并不精确地遵循它。

以下关于教育学的评论的产生就归功于这种情况。如果那些讲座的时间不像事实上那样分配得如此紧凑，而康德以这种方式找到理由进一步就这个对象展开，而且书面上更为详细的话，它们大概会更为有趣，并在好多方面更为详细。

教育学新近通过多个有功之士，特别是诸如佩斯塔罗齐和奥利菲尔②，选取了一个有趣的新方向，我们可以祝福下一代有了这个新方向，不亚于可以祝福他们长了痘瘢，尽管二者还都必须经历各种各样的责难，而且这些责难当然时而冒充得很博学，时而冒充得很高贵，但毕竟没有因此而特别坚实。康德也在这方面了解当时的新理念，对它们作出过反复的思考，比他的同时代人看得更远，这当然是不言而喻的，而且也可以从这些草拟的评论看出，尽管这些评论并不是出自刻意的选择。

---

① 在康德那里只有极少的与伯克的相似之处。——科学院版编者注

② 我未发现康德了解佩斯塔罗齐的清晰迹象。关于奥利菲尔，参见下文 473 页。——科学院版编者注

关于我附加的注释，我没有什么要说的；它们不言自明。

9〔440〕 在书商福尔摩①随意对我的康德自然地理学版本作出低级的攻击之后，编纂这样一些手稿不可能再是我的一件惬意的工作。既然我能够平静地、心满意足地和积极地生活在我的本来就不狭隘的活动范围里，我为什么就应当丢人现眼地去满足非我分内的要求，让自己蒙受不合时宜的评判呢？最好，我把自己闲暇的时刻献给我可以相信凭借行家们的赞同使我已获得并且还能够获得一些成就的研究。

我们祖国的文学除了其真正博学的分支，恰恰没有上演任何诱人的剧情，而到处都跳出来的党争，与含沙射影的争论和甚至我们较好的头脑也时而参与的那些不受欢迎的口舌之争相结合，并不特别让人想参与。让自己撞出肿包，以便能够连本带息还给自己的对手，并且由此获得某种扛鼎之权，在它的重压下他们误以为自己升为文学的独裁，这样的乐趣，我把它留给别人。唉，这种纸糊的辉煌是要倒霉的！但即便他们变得更好，事情就成别的样子了吗？

林克

于1803年春季博览会

① 参见《自然地理学》的注释。——科学院版编者注

导　论

9〔441〕

人是惟一必须受教育的造物。也就是说，我们把教育理解为照管（供养、抚养）、训诫（管教）和连同塑造在内的教导。据此，人是婴儿、——是幼童、——是学生。

动物一旦拥有力量，不管是什么样的力量，就合乎规则地，亦即以不致损害自己的方式使用自己的力量。这确实是值得惊赞的，例如人们发觉，刚刚破壳而出、尚未睁开眼睛的雏燕，却仍然知道让自己的粪便落到鸟巢外。因此，动物不需要照管，至多需要食物、温暖和引导，或者某种保护。大概多数动物都需要喂养，但不需要照管。也就是说，人们把照管理解为父母的预防措施，即让孩子不有害地使用自己的力量。例如，如果动物像孩子们所做的那样一来到世上就啼哭，就肯定会成为被它的哭声引来的狼或者其他野兽的猎物。

训诫或者管教把动物性改变成人性。动物通过其本能就已经是其一切；一种外在的理性已经为它安排好一切。但人却使用自己的理性。他没有本能，必须自己给自己制订其行为的计划。但由于他不是马上就能够这样做，而是生蛮地来到世上，所以必须有别人来为他做这件事。

人类应当通过自己的努力，把人性的全部自然禀赋逐渐地从自身中发挥出来。一个世代教育另一个世代。人们在这方面可以在一个生蛮的状态中，也可以在一个完善的、发达的状态中寻找第一开端。如果后一种状态被假定为先前和最初就存在

9〔442〕的，那么，人必定是后来又野蛮化并堕入生蛮之中了。

训诫防止人由于自己动物性的动机而偏离其规定，即人性。例如，它必须限制人，使其不野蛮地、不假思索地陷入危险。因此，管教是纯然消极的，也就是说，是从人身上去除野性的行动。与此相反，教导则是教育的积极部分。

野性就是不取决于法则。训诫把人置于人性的法则之下，开始让人感受到法则的强制。但此事必须及早进行。例如，人们把孩子送到学校，一开始并非已经意在他们在那里学点什么，而是意在他们能够习惯于静静地坐着，严格遵守事先给他们规定的东西，以便他们不会在将来每有一个念头，就真的并且马上去实施。

但是，人天生对自由有一种如此强烈的趋向，以至于他只要有一段时间习惯于自由，就将为它牺牲一切。正因为此，训诫也必须如上所说，及早投入运用，因为如果不这样做，到后来就难以改变人了。他在这种情况下就任性而为。人们在各野蛮民族那里也看到这一点：尽管他们较长时间地服务于欧洲人，却从来不习惯于后者的生活方式。但在他们这里，这却不像卢梭和其他人认为的那样，是一种对自由的高贵趋向，而是动物在某种程度上尚未在自身发展出人性时的某种生蛮性。因此，必须及早使人习惯于服从理性的规定。如果人们让他在幼年时任意而为，没有任何东西抵制他，则他就将终生保持着某种野性。而在幼年时受到过多的母亲温存保护的人，也是无可救药的，因为他们一旦进入世界的事务之中，从此就越来越多地从四面八方受到抵制，并到处都受到打击。

这在大人物的教育中是一种常见的错误，由于他们注定要做统治者，所以在幼年时，人们也就从未真正地抵制他们。人由于其对自由的趋向，磨砺其生蛮性是必要的；与此相反，动物由于其本能，就不需要这种磨砺。 9〔443〕

人需要照管和塑造。塑造本身包含着管教和教导。就人们所知，没有任何动物需要这些东西。因为除了鸟学习其鸣啭，没有任何动物从长者那里学习某种东西。鸟是由长者教会鸣啭的，就像在学校里一样，长者倾其全力为幼鸟领唱，而幼鸟则努力从其小喉咙中发出同样的音调，这看起来很感人。为了证明鸟不是出自本能鸣啭，而确实是学来的，值得费力气做个实验，把金丝雀的卵取走一半，把麻雀卵放进去，或者也可以把幼麻雀与幼金丝雀调换。如果人们把这些麻雀置入一个听不到外面麻雀叫的房间里，它们就学习金丝雀的鸣啭，人们就得到了会鸣啭的麻雀。事实上这也是很值得惊赞的，即每一个鸟类都世世代代保持着某种主要的鸣啭，而鸣啭的传统大概是世界上最忠实的传统了。①

人惟有通过教育才能成为人。除了教育从他身上所造就的东西，他什么也不是。应当注意的是，人惟有通过人，通过同

---

① 康德在这里关于麻雀所说的，在某种程度上还可以进一步扩展，也扩展到其他动物。有人自称觉察到，例如很小就被捕获的狮子，就从来也不完全像较大的、后来才被剥夺自由的狮子那样吼叫。但在这里还必须首先弄清，这有多少要算在改变了的生活方式的账上，这种生活方式对一种尚未完成的有机组织、对一个尚未完全长成的动物不可能没有影响。这里关于麻雀所说的话，也只是有限制地有效。人们从未能把它的鸣啭视为一个真正的金丝雀的鸣啭。Naturam furca expellas，et tamen usque recurrit.［你可以砍掉大自然的枝杈，尽管如此它也时常恢复如故。］* 即便是对一个鸟类的变种来说，也出现显著的差异。参见吉尔塔讷**，341 页。

* 贺拉斯：《书信集》，Ⅰ，10，24。——科学院版编者注

** 《论康德的自然史原则》，格廷根，1796。——科学院版编者注

样是受过教育的人来受教育。因此，就连在一些人那里对训诫和教导的欠缺，也使得他们成为受其管教者的糟糕教育者。一旦一个更高品类的存在者关心我们的教育，人们就会看到，人能够成为什么。但既然教育一方面是教给人某些东西，另一方面也只是在他那里发展出某些东西，则人们就不可能知道，在
9〔444〕他那里自然禀赋能够做到哪一步。假若在这里至少通过大人物们的支持，通过众人的联合力量做一项实验，它也就会已经给我们作出说明，人究竟能够做到什么程度。但是，对于思辨的头脑来说一个重要的，如同对于博爱主义者来说一个悲哀的发现，就是看到大人物们多半总是只关心自己，而不是以使自然向着完善更趋近一步的方式参与教育的重要实验。

没有人在幼年被疏于管教，在成年时却会自己看出自己或在训诫方面或在培养（人们可以这样称谓教导）方面被疏忽过。未受培养的人是生蛮的，未受训诫的人是野性的。训诫的耽搁是一种比培养的耽搁更大的弊端，因为培养还可以后来继续弥补；但野性却无法去除，训诫中的失误是无法补救的。也许，教育将越来越好，每一个后来世代都将向着人性的完善更趋近一步；因为在教育背后，隐藏着人类本性的完善性的重大秘密。从现在起，这种事有可能发生。因为对于什么真正说来属于良好的教育，人们现在才开始有了正确的判断和清晰的认识。设想人的本性将通过教育而发展得越来越好，而且人们能够使教育有一种合乎人性的形式，这是令人陶醉的。这为我们展示了未来更加幸福的人类的前景。

一种教育理论的草案是一个美好的理想，即便我们不能马上实现它，也无损于此。即便在实施它时出现重重障碍，人们也不必马上就把理念视为幻想，败坏它的名声，把它当做一个

美好的梦。

一个理念无非是关于一种在经验中尚不存在的完善性的概念。例如，一个完善的、按照正义的规则治理的共和国的理念。它因此就是不可能的吗？我们的理念首先必须是正确的，然后它才根本不是不可能的，无论有多少障碍还在阻碍它的实施。例如，即便每一个人都说谎，说真话就会因此而是一种纯然的 9〔445〕
奇怪念头吗？一种把人里面的所有自然禀赋都发展出来的教育的理念，当然是真实的。

就现在的教育来说，人并未完全达到自己存在的目的。因为人们的生活是多么的不同啊！惟有当他们按照一模一样的原理行动，而且这些原理必定成为他们的另一种本性时，他们中间的齐一性才能出现。我们可以制订一种更合乎目的的教育的计划，并且把这种教育的使用说明传给能够逐步地实现它的后代。以报春花为例：如果人们用根移栽它，所得到的都只是同一种颜色；但与此相反，如果人们播种它们的种子，所得到的就完全不同，是极为不同的颜色。因此，自然毕竟把胚芽置于它们里面，而要把它们里面的这些胚芽发展出来，则仅仅取决于恰如其分的播种和培植。就人来说也是这样！

在人性中有许多胚芽，而现在，把自然禀赋均衡地发展出来，把人性从其胚芽展开，使得人达到其规定，这是我们的事情。动物是自动地满足这种规定的，并不了解它。人必须首先去追求达到它，但如果他对自己的规定连一个概念都没有，这就不可能发生。对于个人来说，达到规定也是完全不可能的。如果我们假定人的第一对夫妇是确实教化了的，则我们毕竟想看一看，他们是如何教育自己的孩子的。第一对父母已经给孩子们提供榜样，孩子们仿效他们，这样就发展出一些自然禀赋。所有人并非都能以这种方式来教化，因为多半这一切只是让孩子看到榜样的偶然情况。过去，人们甚至对人类本性能够达到的完善性根本没有一个概念。我们自己也根本没有弄清楚这个概念。但有一点是肯定的，即并非单个的人就对其孩子的全部塑造而言能够使他们达到自己的规定。应当做成这件事的不是单个的人，而是人类①。

9〔446〕 教育是一门艺术，其实施必须经过许多世代才能够完善。每一世代都配备有前一世代的知识，能够越来越多地实现均衡且合目的地发展人的一切自然禀赋，就这样把整个人类导向其规定的教育。——天意希望人自己从自身中产生善，于是就对人说："到世上去吧，——造物主就能够这样与人说话！——我为你配备了一切向善的禀赋。发展它们就靠你了，所以你自己是否幸福就取决于你本人。"

人应当首先发展其向善的禀赋；天意并未把它们已经现成地置于人里面；那是纯然的禀赋，并没有道德性的区别。使自己更善，培养自己，如果自己是恶的就在自己这里产生道德性，这就是人应当做的。但是，人们如果对此有深思熟虑，就会发现这是很难的。因此，教育就是能够交托给人的最大的问题和最困难的问题。因为洞识取决于教育，而教育又取决于洞识。所以，教育也只能循序渐进，惟有通过一个世代把自己的经验和知识传给下一个世代，这个世代又附加上某种东西并且

① 单个的人将永远不能完全摆脱弱点，甚至不能完全改正其错误，但就他来说，特别是就人性来说，毕竟能够变得越来越好。甚至通常对人的一种误以为的恶化的抱怨，也是人性在善上的进步的一个证明，因为它只能是法和道德上更为严格的原理的一个结果。——编者注

这样传给下一个世代，才能产生出关于教育方式的正确概念。因此，这个概念以什么样的伟大文化和经验为前提条件呢？据此，它也只能很晚产生，而且我们自己也尚未完全弄清它。个别的教育是否应当仿效人性在普遍上通过其各个世代的那种教化呢？

可以把人的两种发明视为最困难的，亦即统治艺术和教育艺术的发明，毕竟人们甚至在它们的理念上也还有争执。

但是，我们从哪儿开始发展人的禀赋呢？我们是应当从生蛮状态开始，还是应当从教化了的状态开始？设想一种出自生 9〔447〕
蛮的发展是困难的（因此第一个人的概念也是如此困难），而且我们看到，就出自这样一种状态的发展而言，人们毕竟总是又堕回生蛮，然后才又重新从那种状态上升。即便是在很开化的民族那里，我们也在他们记下来留给我们的最早信息中发现与生蛮的严重接近，——而书写不是已经需要很多文化吗？所以考虑到开化的人，人们可以把书写艺术的开端称为世界的开端。

由于自然禀赋的发展在人这里不是自行发生的，所以一切教育都是一门艺术。——自然没有为此给人置入任何本能。——无论这门艺术的起源还是它的进展，都要么是**机械性的**，没有计划按照给定的情况安排的，要么是**裁决性的**。所谓机械性的，是指教育艺术仅仅在出现使我们经验到某种东西对人有害或者有用的偶然机会时产生。一切仅仅机械性地产生的教育艺术，都必定带有非常多的错误和缺陷，因为它们不以任何计划为根据。因此，教育艺术或者教育学如果要如此发展人类本性，使之达到其规定，就必须成为裁决性的。受过教育的父母是孩子们塑造自己的榜样，受到敬重。但如果孩子们应当变得更好，教育学就必须成为一项研究，否则就不能对它有任何指望，而且一个在教育上败坏的人通常还去教育别的人。教育艺术中的机械论必须转化为科学，否则它就永远不会成为一种连贯的努力，而一个世代就可能毁掉另一个世代已经建立的东西。

教育艺术的一个原则应特别为那些制订教育计划的人士所牢记，它就是：孩子们受教育，应当不仅适合人类当前的状态，而且适合人类未来更好的状态，亦即适合人性的理念及其整个规定。这个原则极为重要。父母教育自己的孩子，通常只是让他们适应当前的世界，哪怕它是个堕落的世界。但他们应当把孩子教育得更好，以便由此产生一个未来的更好状态。但在这里有两个障碍：

9〔448〕 1. 父母通常只关心自己的孩子在世界上生活好；2. 君侯们只把自己的臣民视为达成自己种种意图的工具。

父母们关心家，君侯们关心国。二者都不以世界福祉和人性被规定要达到且也有相应禀赋的那种完善性为最终目的。但一种教育计划必须被设计成世界主义的。而在这种情况下，世界福祉就是一种在我们的私人福祉上有害于我们的理念吗？断然不是！因为虽然看起来人们由于它而必须牺牲某种东西，但人们毕竟仍然通过它总是也促进着自己的当前状态的福祉。而在这种情况下，将有多么美妙的结果伴随着它啊！好的教育正是世界上一切善从中产生的东西。处在人里面的胚芽必然得到越来越多的发展。因为恶的根据在人的自然禀赋中是找不到的。恶的原因仅仅是本性没有置于规则之下。在人里面只有向善的胚芽。①

但是，世界的更好状态从何而来呢？是来自君侯们，还是来自臣民们？也就是说，是臣民们先改善自己，并在半途中迎合一个好的政府？如果这种状态应当由君侯们来建立，则王子们的教育就必须先改善，这种教育长期以来还一直有重大的错误，即人们在王子们幼年时不违拗他们。但是，一棵孤零零地长在旷野的树，长得歪曲并且枝杈四伸；与此相反，一棵长在森林中央的树，则由于它旁边的树都违拗它，却长得笔直，并寻获自己上方的空气和阳光。对于君侯们来说也是这样。毕竟，他们受某个出自臣民阶层的人教育，总是比受其同类教育更好。因此，惟有在他们受的教育是更优秀的教育的情况下，我们才可以指望善来自上面！所以，这里主要取决于私人的努力，而不像**巴泽多**和其他人认为的那样，取决于君侯们的赞助。因为经验表明，为了达成其自己的目的，君侯们的意图首先并不那么是世 9〔449〕
界的福祉，而毋宁只是其国家的繁荣。但是，如果他们为此提供资金，则也必须任由他们为此预先制订计划。在事关人类精神的教化、人类知识的扩展的一切事情上都是如此。权力和金钱并不成就事情，至多是使事情变得容易。但是，如果国家经济不是仅仅事先为国库纳税，它们就能够成就事情了。而且学术机构迄今也没做，要它们来做，其迹象从未像现在这样渺茫。

据此，学校的设置也应当仅仅取决于最开明的行家们的判断。一切培养都是从私人开始，并由此传播开来。那些有更广

① 参见下文以及康德：《论恶的原则与善的原则的共居或论人的理性中的根本恶》，见其《纯然理性界限内的宗教》，3页及以下。* ——编者注

* 参见《康德全集》，第Ⅵ卷，19页以下。——科学院版编者注

泛偏好的人，关心世界的福祉，而且能够具有一个未来更好的状态的理念，只是通过他们的努力，人类本性才有可能逐渐逼近其目的。毕竟还有些大人物，有时仿佛只将其民众视为自然界的一部分，因而只关注他们的繁衍。人们在这种情况下至多还要求技能，但也只是为了能够把臣民更好地当做工具用于自己的种种意图。私人当然必须首先关注自然目的，但此后也必须关注人性的发展，关注使自己不仅有技能，而且也是有道德的，而最难的是，他们要力求使其后代比他们自己推进得更远。

因此，就教育而言：1. 人必须受到**训诫**。训诫就是力求防止动物性给人性带来损害，无论是在个别的人身上还是在社会性的人身上。因此，训诫就纯然是对野性的驯服。

2. 人必须受到**培养**。培养包括教诲和教导。它是造就技能。技能就是拥有一种足以达成所有任意目的的能力。因此，它根本不规定任何目的，而是把它事后委诸各种情景。

一些技能在所有场合都是好的，例如读和写；另一些技能
9〔450〕只是为了一些目的，例如音乐，为的是让我们招人喜爱。由于目的众多，技能在某种意义上是无限的。

3. 人们还必须关注使人也成为聪明的，适应人类社会，招人喜爱且有影响。这就需要某种人们称之为**文明化**的培养。为此就要求风度、乖巧和某种使人能够把所有人都用于自己的目的的聪明。它遵循的是每一个时代的易变的鉴赏。在几十年前，人们还在交往中喜爱讲究礼仪。

4. 人们必须关注**道德化**。人应当不仅为达成各种各样的目的而有技能，而且还获得只选择完全好的目的的意念。好的目的就是必然为每个人所认同的目的，是能够也同时是任何人的

目的的目的。

※ ※ ※

人要么是仅仅被驯服，被调教，被机械地教导，要么被真正地启蒙。人们驯服狗和马，而且也能驯服[①]人（这个词来自英文，来自 to dress，**给……穿衣**。因此也有 Dreβkammer，即布道人更衣的地方，而不是 Trostkammer）。

但是，驯服尚无济于事，而是关键首先在于让孩子们学习**思维**。这旨在一切行动由之产生的原则。因此人们看到，对一种真正的教育来说，要做很多事情。但通常在私人教育中，第四项，即最重要的一项，还很少得到实施，因为人们在根本上是这样教育孩子的，即把道德化留给布道人。但如此极为重要的，却不是从小就教会孩子们厌恶恶习，其根据不仅是上帝禁止它，而是它自身就是值得厌恶的。[②] 若不然，他们很容易想到自己总是能够作恶的，此外如果上帝没有禁止，恶习亦是允许的，因此上帝大有可能制造一次例外。上帝是最神圣的存在者，而且只希望好的东西，并且要求我们履践德性，乃是因为德性的内在价值，而不是因为他的要求。 9〔451〕

我们生活在训诫、培养和文明化的时代，但还远远不是道德化的时代。就人们现在的状态而言，可以说国家的幸运是与人们的不幸同时增长的。还有的问题是：我们在生蛮状态中，在我们还没有所有这些文化时，是不是比在我们现在的状态中更为幸福？因为在没有使人们变得有道德和睿智的时候，怎么

① 驯服（dressieren）。康德的词源学不对；这个词来自 directus（dirizzare roman.）：预备好（《格林词典》）。——科学院版编者注

② 参见下文。

能使他们幸福呢？恶在量上并未被减少。

人们在能够建立标准学校之前，必须先建立实验学校。教育和教导必须不是纯然机械性的，而是基于原则的。然而它也不可以是纯然理性思考的，同时却以某种方式是机械设置。在奥地利，多半只有按照一个计划设立的标准学校①，这种计划受到过许多有根据的反对，人们特别可以指责它是盲目的机械设置。那时所有其他学校都必须依循这些标准学校，而且人们甚至拒绝提拔未曾在这些学校就读的人。这样一些规定就表明，政府是多么关心这件事，而在这样一种强制下，根本不可能产生什么好的结果。

虽然，人们都认为实验对于教育来说并无必要，人们从理性出发就已经能够判断某种东西将是好的还是不好的。但是，人们在这一点上大错特错了，而且经验表明，就我们的尝试来说，经常出现与人们预期的截然相反的结果。因此人们看到，既然问题在于实验，则没有一个人类世代能够展示一个完全的教育计划。惟一在这里首开先河的实验学校曾是德绍学院。② 人

① “第一所标准学校于1771年在维也纳建立；康德所非难的计划是1774年由修道院长费尔比格（Felbiger）拟订的学校章程，但它却不应受到康德的指责。这种指责似乎也不是那么针对学校计划，而是针对整个安排。很可能，1783年《全德丛书》上的文章《对奥地利标准学校的坦诚评判》对康德的判断不无影响。——赫尔巴特（Herbart）在对哥尼斯贝格大学的第一次提出一个教育学院的建议时援引了康德的名言‘先实验学校，然后标准学校’：《赫尔巴特遗著集》，T. 齐勒编，182页，1781”（威尔曼）。——科学院版编者注

② 威尔曼对此评论说，从康德谈到过去的博爱学院并不能得出，这段话是在博爱学院于1793年解散之后写的（林克大概至少是鉴于编纂的时间点而把康德手稿的“是”改成了“曾是”）。关于康德与德绍博爱学院的关系，参见威尔曼的导言，24页以下，但特别是门采尔（Menzer）：《康德全集》，第Ⅱ卷，522页以下（参见本书《关于博爱学院的两篇文章》科学院版编者导言。——编译者注）。——科学院版编者注

们必须给予它这种荣誉，尽管它有许多让人们能够指摘它的错误；这是人们从尝试中所得出的一切结论都有的错误，即为此还总是需要新的尝试。它以某种方式是惟一让教师有自由按照自己的方法和计划来工作的学校，在这里，教师们无论是相互之间还是与德国的所有学者之间都有联系。

※　　※　　※

教育包括**照料**和**塑造**。塑造是：1. **否定性的**，即纯然防止错误的训诫；2. **肯定性的**，即教导和引导，就此而言属于培养。**引导**是在将所学的东西付诸实施时的引领。由此产生出仅仅是一个教师的**传授者**和是一个向导的**家庭导师**之间的区别。前者仅仅为学校而教育，后者则为生活而教育。 9〔452〕

对于幼童来说，第一个阶段就是必须表现出恭顺和一种被动的服从的阶段；第二个阶段则是人们已经让他运用，但毕竟是在法则之下运用思考和自己的自由的阶段。在第一个阶段是一种机械性的强制，在第二个阶段则是一种道德的强制。

教育要么是一种**私人**教育，要么是一种**公共**教育。后者仅仅涉及传授，而且这种传授可以始终是公共的。种种规定的实施则被留给前者。一种完备的公共教育是把教导和道德塑造这二者结合起来的教育。它的目的是：提升一种好的私人教育。做这件事的学校，人们称之为教育机构。这样的机构可能不多，其中幼童的数量可能不大，因为它们学费昂贵，单是建立它们就已经要花很多钱。它们的情况，如同贫民院和养老院。为此所需要的建筑，负责人、看管人和佣工的薪酬就已经用去为此提供的经费的一半，无疑，如果把这些钱送到穷人的家里，他们就会得到更好得多的供应。因此，除了富人家的孩子，其他孩子也很难分享这样的机构。

这样的公共机构的目的是：完善家庭教育。惟有当父母们或者在教育上协助他们的其他人都受过良好的教育时，公共机构的花费才可以免去。在它们里面应当进行尝试，并塑造主体，这样就应当从它们里面产生一种良好的家庭教育。

私人教育要么是父母们自己进行，要么由于父母们有时对此没有时间、能力，甚或根本没有兴趣，而由其他雇来的辅助者进行。
9〔453〕者进行。但对于通过这些辅助者进行的教育来说，有一种很难以处理的情况，即权威是在父母和这些家庭导师之间分享的。孩子应当遵循家庭导师的规定，然后又要遵从父母的怪念头。对于这样一种教育来说，父母有必要把其全部权威转交给家庭导师。

但是，私人教育在多大程度上会比公共教育优越，或者后者在多大程度上会比前者优越？一般来说，不仅在一个公民的技能方面，而且在一个公民的性格方面，公共教育都显得比家庭教育更优越。后者不仅经常产生出家族缺陷，而且还使其流传下去。

但是，教育究竟应当持续多久呢？直到大自然规定人自己引领自己的时候；性本能此时在他这里已经发达；此时他自己能够做父亲并且应当自己去教育；大约直到16岁。在这个时间之后，人们也许还能使用培养的辅助手段，实施一种隐蔽的训诫，但不能再实施任何正规的教育。

幼童的恭顺要么是肯定性的，即他必须做给他规定的事情，因为他不能自己判断，纯然的模仿能力还在他身上延续；要么是否定性的，即如果他希望别人又应当做某种让他喜欢的事情，他就必须做别人希望的事情。对于前者来说出现惩罚，对于后者来说出现的则是，人们不做他希望的事情；他在这里尽管已经能够思维，却仍取决于自己的愉悦。

教育最大的问题之一就是：人们怎样才能把服从于法则的强制与运用自己自由的能力结合起来？因为强制是必需的！有了强制，我怎么培育出自由呢？我应当让我的幼童习惯于忍受对其自由的一种强制，并且应当同时引导他自己去正确地运用自己的自由。否则，一切都是纯然的机械作用，离开了教育的人就不知道如何运用自己的自由。他必须尽早感受到社会的不可避免的阻抗，以便认识到为了独立而养活自己、匮乏和挣钱的艰辛。

这里必须注意以下几点：1. 让孩子从小就在一切事情上自 9〔454〕
由（在他伤害自己的事情上例外，比如他抓一把无鞘的刀），只要这样做不妨碍别人的自由；例如，如果他喊叫，或者大声嬉戏，这就烦扰了别人。2. 必须向孩子指出，惟有通过让别人也达到自己的目的，他才能达到他自己的目的，例如，如果他不做人们希望的事情，人们就不让他快乐，他应当学习等等。3. 必须向他证明，施加给他一种强制把他引向运用他自己的自由，培养他，是为了他有朝一日能够是自由的，也就是说，可以不依赖别人的照料。最后这一点是最迟做的。因为对于孩子们来说，观察到比如人们今后必须为自己的生计操心，是很晚才有的事情。他们认为，就像在父母家中，他们总是能得到吃的喝的，无须为此操心。没有那种观察，特别是富有父母的孩子和君侯子孙，就会像奥塔希提岛的居民，终生都是孩子。在这里，公共教育有其极明显的优势，因为人们在此学会衡量自己的力量，学会让别人的权利来限制自己。这里没有任何人享有特权，因为人们到处都感受到阻抗，因为人们惟有通过以成就而出众才使自己引人注意。它提供了未来公民的最佳样板。

但是，这里还必须考虑其中存在的一个困难，即预先给予性知识，以便在进入婚龄之前就已经预防恶习。不过，下面还要对这一点进一步讨论。

正　文

9〔455〕

教育学或者教育的学说要么是**自然的**，要么是**实践的**。**自然的**教育是人与动物共有的教育，或者就是养育。**实践的**或者**道德的**教育是人受到塑造的教育，为的是他能够像一个自由行动的存在者那样生活（人们把所有与自由相关的东西都称为**实践的**）。它是达成人格性的教育，是一个自由行动的存在者的教育，这个存在者能够自养，在社会中是一个成员，但独立地有一种内在的价值。

据此，构成它的是：1. 在技能方面的**校园的—机械的**塑造，因而是**讲授的**（传授者）；2. 在聪明方面的**实用的**塑造（家庭导师）；3. 在德性方面的**道德的**塑造。

人需要**校园的**塑造或者教导，以便有技能达成自己的所有目的。它给人提供其自己作为个人方面的一种价值。但通过达到**聪明的**塑造，他被塑造成公民，这样他就获得一种公共的价值。这里他既学会为了他自己的意图而驾驭公民社会，亦学会适应公民社会。最后，通过**道德的**教育，他获得在整个人类方面的一种价值。

校园的教育是最早的和第一位的教育。因为所有的聪明都以技能为前提条件。聪明是把自己的技能正确地带给人的能力。道德的塑造就其基于人应当自己认出的原理之上而言，是最迟的塑造；但就它仅仅基于普通的人类理智而言，它必须一开始就受到注意，甚至在自然的塑造时就马上受到注意，因为若不然，错误就容易扎下根来，此后一切教育艺术都对这些错误无可奈何。在技能和聪明方面，一切都必须按照年龄进行。要有孩童的技能，孩童的聪明和乖顺，而不是成年人的那种狡猾，后者就像成人的一种幼稚思维方式一样不适宜。

9〔456〕

论自然的教育

尽管作为家庭导师而承担教育的人并不那么早就接手照管孩子，以至于也可能为他们的自然教育操心，但知道在教育中自始至终都必须注意的所有东西，毕竟是有益的。即便作为家庭导师只与较大的孩子打交道，毕竟可能发生的事情是，家中有新的孩子出生，而如果他表现好，就总是有资格成为父母信赖的人，即便在自然教育方面也向他咨询，因为他往往是这家中惟一有学问的人。所以，对一个家庭导师来说，这方面的知识也是必要的。

自然的教育真正说来只是喂养，或者由父母，或者由保姆，或者由护理员进行。大自然给孩子们规定的营养就是母乳。说孩子连同母乳吮入意念，如人们经常听人说的那样："你连同母奶吃下了这个!"是一种纯然的成见。[①] 母亲自己哺乳，这对于母亲和孩子来说都是最有益的。不过，生病这种极端情况却是例外。从前人们相信，母亲分娩后乳清一样的初乳对孩子有害，母亲在能够哺乳孩子之前必须把它挤掉。但是，卢梭[②]首先使医

① 特殊的恶习也许与特殊的疾病一样，很少会遗传给孩子，尽管这方面有种种意见还很流行；但是，在生殖和最初哺育的中途无论对前者还是对后者的一种更大的易感性，却似乎并不包含任何与理性相悖的东西。——编者注

② 见《爱弥尔》，第Ⅰ卷（萨尔维克译本第109段）。——科学院版编者注

生们注意，这种初乳是否也能对孩子有益，因为毕竟大自然不做无用之事。而且人们也确实发现，这种初乳能够最有效地清除新生儿的那种被医生们称之为 Miconium① 的胎粪，因此对孩子们极为有益。

人们提出了问题：是否同样能够用动物的奶哺养孩子？人乳与动物的奶很不同。所有食草的、靠植物为生的动物的奶，9〔457〕
如果加入某种酸，例如酒石酸、柠檬酸或者特别是牛犊胃中人称凝乳酶的酸，就很快凝结。但人乳并不凝结。不过，如果母亲或者乳母有一些日子只吃植物性食物，则她们的乳汁就像牛奶等等一样凝结；但只要她们又吃肉一段时间，乳汁就也又完好如初。人们由此推论，母亲或者乳母在哺乳期间最好吃肉，而且这对孩子最为有益。因为当孩子吐乳时，人们就看到乳凝结了。因此，孩子胃中的酸必然比其他酸更促使乳凝结，因为若不然，人乳绝不可能凝结。所以，如果给孩子喂已经自行凝结的奶，情况会更糟糕得多！但是，事情并不仅仅在于这一点，人们在其他民族那里可以看出。例如住在森林中的通古斯人几乎只吃肉，是强壮和健康的人。但所有这样的民族都寿命不长，而且人们稍一用劲就能举起一个高大的、已长成的青年，据说人们看不出其体重之轻。与此相反，瑞典人，尤其是印度诸民族，几乎根本不吃肉，但这里的人们却也生长得很好。因此，事情看来只在于乳母的发育，最适合她的食物就是最好的食物。

这里的问题是，在母乳终止后，有什么可以喂养孩子。自一段时间以来，人们尝试使用各种各样的面粉糊。但一开始就用这样的食物喂孩子并不好。必须特别注意，不要喂孩子任何

① 毋宁说是 Meconium（胎粪）。——科学院版编者注

刺激性的东西，如葡萄酒、调料和盐等等。但奇怪的是，孩子们对所有这类东西很贪食！原因在于，这类东西对他们尚迟钝的感觉来说造成一种刺激和振奋，使他们很惬意。俄罗斯的孩子们当然从他们痛饮烧酒的母亲那里也得到了这类东西，而且人们发现，俄罗斯人都是健康的、强壮的。当然，经受住这一点的人，必定有好的体质；但也有许多本来能够活下去的人因
9〔458〕 此死掉。因为对神经的这样一种过早刺激产生许多紊乱。[①] 甚至必须小心防止孩子接触过热的食物和饮料，因为这些东西也造成虚弱。

此外要注意，一定不要让孩子穿得很暖，因为孩子的血液温度本来就已经比成人的血液温度高得多。孩子们的血液温度高达华氏 110 度，而成人的血液只达到 96 度。年长的人感到适宜的温度，却使孩子窒息。一般来说，凉爽的习惯使人强壮。穿得、盖得过暖，习惯于过热的饮料，即便对成人来说也不好。因此，孩子也该睡凉爽的硬床。冷水浴也是好事。[②] 不可以为了刺激孩子的食欲而使用兴奋剂，毋宁说，食欲必须始终只是活动和忙碌的结果。此外，不可以让孩子习惯于某种东西，以至于成为其必需。即便是好的东西，也一定不要人为地都使之成为习惯。

襁褓在生蛮民族那里根本没有出现。例如，美洲的野蛮民

---

① 施勒策尔* 先生已经很缜密地阐述俄罗斯人由于过度使用烧酒而会遭遇什么样的可怕结果。——编者注

* Schlözer：《论天花在俄罗斯的无害性以及一般而言论俄罗斯居民》，29 页，格廷根和哥达，1768。——科学院版编者注

② 至于这里所说的东西取决于条件，必须有保留地理解和运用，这一点可以从最专业的医生们最近对此所说的话得到解释。——编者注

族为其幼儿挖坑，在坑里撒上腐木的粉末，以便孩子的尿和赃物吸收于其中，因而孩子躺在其中可以很干燥，他们还给孩子覆盖上树叶；但除此之外，他们让孩子自由地使用自己的肢体。我们把孩子包裹得像木乃伊，为的只是我们可以不担心孩子长扭曲，这也只是方便了我们，而且尽管如此，却往往恰恰因为襁褓而使孩子长扭曲。这对于孩子来说甚至是可怕的，他们此时陷入某种绝望，因为他们根本不能使用自己的肢体。此时，人们以为单凭呼唤就能够平息孩子的哭叫。但是，且把一个大人包裹起来，看一看他是否也会哭叫，并陷入恐惧和绝望。

一般来说，人们必须注意：最初的教育必须只是否定性的，9〔459〕也就是说，人们一定不要在自然的预备之上还添加一种新的预备，而是只可以不干扰自然。如果在教育上允许人为的话，则它也仅仅是锻炼上的人为罢了。——因此，必须抛弃襁褓。如果人们在此时想保持一些小心，则一种上面系有皮带的盒子是这方面最合乎目的的。意大利人使用这种盒子，把它称为 arcuccio。孩子一直待在这个盒子里，甚至放在它里面哺乳。这样做甚至可以防止，母亲即便夜间在哺乳时入睡，也不会把孩子压死。① 但在我们这里，许多孩子都以这种方式丧生。因此，这种预防措施比襁褓好，因为孩子们在这里毕竟有更多的自由，而且亦防止了长扭曲；与此相反，孩子们常常因为襁褓而长得歪斜。

① 如果我没有记错，人们可以在**福斯特**的**《健康问答手册》**的较早版本中找到这种托架的图片*，这本书特别是在出最后一版之后据说家家都有。——编者注

*注中提到的图片实际上载我手头上的《供在学校中和在家庭教育时使用的健康问答手册》的第 2 版，20 页，1799。——科学院版编者注

初期教育的另一个习惯是摇动。其最简易的方式就是一些农民所使用的那种。也就是说，他们用绳子把摇篮挂在房梁上，因此只需一推，摇篮就自动地晃来晃去。但摇动一般来说没有益处。因为晃来晃去是对孩子有害的。人们甚至在大人身上也发现，摇晃产生一种使人呕吐的运动和眩晕。人们想以此来使孩子昏晕而不哭叫。但哭叫对孩子却是有益的。他们一从无空气可享的母体中出来，就呼吸到第一口空气。由此改变的血液流动在他们身上造成一种疼痛的感觉。但通过哭叫，孩子越来越展开其身体的内在成分和管道。孩子一哭叫，人们就像乳母习惯的那样马上过来帮忙，给他唱点什么等等，这是很有害的。这通常是孩子的最初的败坏，因为如果他发现自己一喊叫，一切都随之而来，则他就一再地重复这样做。

人们说普通人的孩子比高贵人的孩子被惯坏得多，这是有
9〔460〕道理的。因为普通人与自己的孩子玩耍就像猿猴。他们给孩子唱歌，拥抱、亲吻他们，与他们一起跳舞。因此，他们认为，孩子一哭叫就跑过去与他玩等等，对孩子有好处。但孩子却哭叫得愈加频繁。如果人们与此相反，不把孩子的哭叫放在心上，则他们最终就会停止哭叫。因为没有任何造物会乐意做无用功。但人们若是让他们习惯于渴望自己的一切兴致都得到满足，则事后再制伏其意志就太晚了。而如果任其哭叫，则他们自己也会厌烦。但如果在其幼年满足其一切兴致，就会由此败坏其心灵和道德。

当然，孩子对道德尚无概念，但由此却会如此败坏其自然禀赋，以至于事后要把败坏的东西变好，就必须运用严厉的惩罚。后来，当人们想让孩子戒除会有人应其要求跑来的习惯时，孩子就在哭叫中表达一种总是惟有成人才能有的极度愤怒，只

不过没有力量把它付诸行动罢了。一直以来，他们只须呼唤，一切都随之而来，因此他们完全是在独裁地实行统治。如果这种统治终止，他们自然要恼羞成怒。因为即便是大人掌握过一段权力，立即失去权力也让他难以适应。

孩子们在最初的时间里，大约在前三个月，不能真正地看东西。他们虽然对光有感觉，但却不能把对象彼此区分。人们可以给自己证明这一点；当把某种闪光的东西放在他们面前时，他们并不以眼睛跟随它。① 与视觉一起，还有笑和哭的能力。当孩子处在这种状态时，他的哭叫就带有反应，尽管这种反应还不是想要的那么清晰。此后它就总是指有什么东西伤害它了。9〔461〕
卢梭说：当人们打一个只有约 6 个月大的孩子的手时，他就像手被烧到一样哭叫。他实际上已经把这与伤害的概念结合起来了。父母们通常对制伏孩子们的意志谈论很多。如果不先败坏其意志，就不可以制伏其意志。如果顺从孩子们的独裁意志，这就是最初的败坏，因为他们通过其哭叫就能够强求到一切。以后再让其改好就极为困难，而且几乎永不会成功。② 人们也许能够让孩子安静，但他怒火中烧，怀着更多的内在愤怒。人们由此而使孩子习惯于掩饰和心里做事。例如，如果父母在用荆条打过孩子之后还要求他们吻自己的手，那就是很奇怪的。人们由此使孩子们习惯于掩饰和伪装。因为荆条毕竟不是什么可以致谢的美好礼物，而且人们能够轻易地想到，孩子在吻手时

① 就孩子们来说，听觉似乎比视觉作用更强，而且可以说更积极。甚至对感官的最佳使用也以某种培养为前提条件，因此就有这样的事情，即许多孩子，甚至成年人虽有眼而不看，虽有耳而不听。原因大概仅仅在于缺乏注意，而培养越不足，这种缺乏就越严重。随着最初唤醒注意而为培养奠定了基础，但培养此后却成为注意的条件。这本来是值得进一步阐述的主题，只是在这里却无法进行。——编者注

② 参见**霍斯蒂格**：**《应当让孩子哭叫吗?》**，哥达，1798。

是什么心情。

人们为教孩子走路，通常使用**牵引带**和**学步车**。要教孩子走路，这毕竟是异乎寻常的，就好像某人缺少教导就不会走路似的。牵引带特别有害。一位作家曾经抱怨过胸部狭窄，他把它仅仅归咎于牵引带。因为当孩子什么都抓，什么都从地上捡起时，他就使自己胸部被牵引带勒紧了。但胸部由于还是软的，于是就被挤压成平的，此后也就保持着这种样子。孩子们用这类辅助工具学走路，也并不像他们自己学走路那样保险。最好是让他们在地上爬来爬去，直到他们逐渐地自己开始走路。为了谨慎，人们可以在房间里铺上羊毛垫子，以免他们抠起什么碎片，摔倒时地面也不那么硬。

人们通常说，孩子们摔得很重。但除了孩子们从来不可能摔得很重，一旦摔倒也不会对他们造成伤害。他们只是在学习
9〔462〕 更好地掌握平衡，注意在摔倒时别伤着。人们通常给他们戴上向前突出很远的所谓护帽，使孩子摔倒时绝不会伤着脸。但在孩子有自然器械的地方使用人为的器械，这同样是一种否定性的教育。在这里，自然的工具就是手，孩子在摔倒时就已经把手前伸。使用人为的工具越多，人就越依赖器械。

一般来说，在开始时越少使用器械，让孩子们越多自己学习越好，他们在这种情况下会更全面得多地学到很多东西。例如，孩子自己学书写就是很有可能的。因为毕竟是某人一度发明了书写，而且这发明也不是那么巨大。例如，人们只要在孩子想吃面包时说：你能把面包画出来吗？孩子就会画出一个蛋状的图形。此后人们只要对他说，如今不知道这表现的是面包还是一块石头，则他以后就会尝试标出 B，等等。这样，孩子就会逐渐地发明他

自己的 ABC，以后他只要把它与其他符合代换就可以了。①

一些孩子来到世上就有某些残疾。人们有没有办法再治好这种有缺陷的、仿佛是制作坏了的体形呢？通过许多知识渊博的作家们的努力，已澄清束胸在这里无济于事，而只是把疾患搞得更糟，因为它们阻碍血液和体液的循环以及身体内外部分的极为必要的伸张。如果让孩子自由，则他还锻炼自己的躯体，而一个穿着束胸的人，如果脱下它，就比一个从未穿过的人更虚弱得多。对于那些生得歪斜的人，也许可以在肌肉更强壮的一侧 9〔463〕
置更多重物来帮助他。但这也是很危险的，因为哪个人能够确定平衡呢？最好是让孩子自己练习，并选取一种姿势，尽管这种姿势对他来说是辛苦的，因为一切机械在这里都无济于事。

所有这类人为的措施之所以更为有害，乃是因为它们都与自然在一个有机的理性存在者身上的目的背道而驰，按照这个目的，这个存在者必须保持学习运用自己的力量的自由。人们在教育时应当只防止孩子变得虚弱。但锻炼是虚弱的反面。如果要让孩子习惯于所有事情，就要冒太多的风险。俄罗斯人的教育在这一点上走得很远。但因此而夭亡的孩子也多得难以置信。嗜好是一种通过经常重复同样的享受或者行动而成为必然的享受或者行动。最容易让孩子们上瘾、因此必须少给孩子们的东西，就是刺激性的东西，例如烟草、烧酒和热饮料。事后戒除这种东西很难，而且一开始就很痛苦，因为通过频繁的享

① 人们太容易错误地理解人人物说的话，而且经常是有意的。这一点特别为康德所遇到。因此，我在这里只是说明，他在这里绝不是希望人们让每一个孩子都自己发明其自己的字母，而是由此只是暗示，在阅读和书写上孩子是怎样行事的，确切地说是分析地行事的，在更大的年龄上甚至根本意识不到这一点，亦即孩子们在某些情况下会怎样行事。此外我期望，这里不可以想到**佩斯塔罗齐**和**奥利菲尔**。——编者注

受，我们身体的功能发生了一种变化。

但是，一个人的嗜好越多，他就越不自由、不独立。对人来说和对所有其他动物来说一样：早期如何习惯，后来就也在他这里保持为某种倾向。因此，人们必须防止孩子习惯于什么东西；必须不让他产生任何嗜好。

许多父母想让自己的孩子习惯于一切。但这是无益的。因为一般而言的人类本性、部分地也是个别主体的本性，并不能习惯于一切，许多孩子在学习期都是这样。例如，他们希望孩子能够在任何时候睡觉和起床，或者在他们要求的时候进食。但如果人们应当经受住这一点，就需要一种特殊的生活方式，一种强壮体魄、因此把前者败坏的东西再改善的生活方式。人们毕竟在自然中也发现许多定期性的东西。动物也有其特定的
9〔464〕 睡觉时间。人也应当习惯于某个时间，以免身体的功能被扰乱。[①] 至于另一件事情，即孩子应当能够在任何时候进食，人们在这里也许不能以动物为榜样。因为例如所有食草动物，由于摄取到的营养很少，吃对于它们来说就是一件例行的事务。但对人来说，总是在特定时间进食是很有益的。于是，许多父母希望自己的孩子能够承受严寒、恶臭和各种各样的噪声等等。但他们不对任何东西上瘾的话，这就是根本没有必要的。为此，把孩子置于不同的状态中，是很有助益的。

---

① 这种习惯肯定对于作为机器的人有其巨大的好处，但我们不可忘记有时候也需要例外。即便是与自然生命相关，这些例外也如**胡弗兰德**[*] 很美地描述过的那样，有它们的用处，但即便假定我们因严格的习惯而寿命更长，但这种更长的寿命归根结底毕竟会显得只是一种严守秩序的生命，也就是说，只是一种植物的生长。——编者注

* 相似之处见胡弗兰德的长寿术。——科学院版编者注

硬的床铺比软的床铺更多地有益于健康。一般来说，硬式教育很有助于强壮体魄。但我们所说的硬式教育只是防止安逸。能证实这种主张的显著实例并不缺乏，只不过人们不注意它们，或者更准确地说，不愿意注意它们罢了。

至于心灵的塑造，人们确实也能够以某种方式称之为自然的，就此主要应注意的是，训诫不是奴役性的，而是孩子必须始终感受到自己的自由，只是他不要妨碍别人的自由；因此他必须受到阻抗。许多父母拒绝其孩子的一切要求，为的是由此锻炼孩子们的耐心，并据此而要求孩子们具有比他们自己还多的耐心。但这是苛刻的。人们尽可以给孩子对他有助益的东西，然后对他说：你该有的都有了！但绝对必要的是，这一点也是不可反悔的。只是别理孩子的哭叫，在他们想靠哭叫强要某种东西时不顺从他们，但他们友好地请求的东西，若对他们有助益就给他们。由此孩子就也习惯于坦率，而既然他不以自己的哭叫烦扰人，每个人也就又对他友好。天意似乎确实赋予孩子们以友好的表情，以使他们能够赢得人们的好感。再也没有比为了制伏孩子 9〔465〕
的固执而进行一种嘲弄的、奴役性的训诫更有害了。

通常，人们对孩子喊：呸，你羞不羞，怎么是这样！但就最初的教育而言，这类事情根本不应当发生。孩子对羞耻和得体还没有任何概念，他没有什么好羞耻的，也不应当感到羞耻，只会由此而变得畏首畏尾。他会在别人的目光下不知所措，并且喜欢避开别的人。由此就产生拘谨和一种负面的隐瞒。他不再敢请求，而他本来是应当能够提出一切请求的；他隐瞒自己的意念，并且总是表现得与其实际所是不同，其实他必须可以坦率地说出一切。他不是总在父母身边，而是回避他们，投入惟命是从的家佣的怀抱。

但是，荒嬉和无休止的爱抚比那种嘲弄的教育好不了什么。它使孩子变得固执己见，变得虚伪，而且由于它暴露了父母的弱点，就使父母在孩子的眼中失去必要的敬重。但如果人们这样教育他，使他靠哭叫不能有任何建树，则他就变得自由而不莽撞，谦虚而不畏首畏尾。**放肆**（dreist）本来应当写作**dräust**，因为它源自**dräuen**，即**威胁**①。人们无法承受一个放肆的人。许多人就有这样的放肆的表情，使得人们总是不得不担心他们的粗野，就像人们在另一些人的表情上马上就能看出他们不会对人说粗话。只要与某种善意相结合，人们就总是能够看起来是坦率的。人们常说高贵的人们看起来像足了王侯。但这无非是他们从幼年起就养成的某种放肆的眼神，因为他们没有受到过阻抗。

所有这些都还可以算做否定性的塑造。因为人的许多弱点之所以产生，常常不是因为人们没有教给他什么，而是因为还给他造成了虚假的印象。例如，乳母带给孩子对蜘蛛和蟾蜍等等的恐惧。孩子们肯定要像抓其他东西一样抓蜘蛛，但由于乳母一旦看到蜘蛛就通过表情表现出自己的厌恶，这就通过某种
9〔466〕同感影响到孩子。许多人终生都保持着这种恐惧，并且在这方面始终是孩子般的。因为蜘蛛虽然对飞虫来说是危险的，而且其咬伤对飞虫来说是有毒的，但它们对人却无害。而蟾蜍亦是一种无辜的动物，与一只漂亮的绿青蛙或者某种别的动物一样。

※　　※　　※

自然的教育的肯定性部分是**培养**。与培养相关，人不同于动物。培养尤其在于其心灵力量的锻炼。因此，父母必须给自

---

① 很难如此，参见《格林词典》。——科学院版编者注

己的孩子提供这方面的机会。这里首要的和最重要的规则是，尽可能地不使用工具。如一开始就不使用牵引带和学步车，让孩子在地上爬来爬去，直到他自己学会走路，在这种情况下他将走得更安全。也就是说，工具只会毁掉自然的能力。人们使用绳子来测量距离，但靠目测也能够做得同样好；人们使用钟表来确定时间，但靠太阳的位置也能做到这一点；人们使用罗盘来在森林里测知方位，但从白天太阳的位置和夜间星辰的位置也能知道。甚至可以说，人们为了在水上行进，可以不用船而是游泳。著名的**富兰克林**[①]奇怪的是，既然游泳如此惬意并且有用，却并非每个人都学习游泳。他也提出了人们自己就能够学习游泳的一种简便方式。在一条站在河底至少头露出水面的小河里放上一个蛋。现在试图去抓蛋。由于俯下身去，脚就抬高了，而为了水不进入嘴里，头就已经仰起，而这样，就有了游泳必需的正确姿势。现在，只需让手动起来，就是在游泳了。——关键仅仅在于培养自然的技能。传授往往就是这样，孩子经常自己就富丁创造性，或者自己发明器械。

就自然的教育而言，因而在身体方面，应当注意的东西要么与随意运动的使用相关，要么与感觉器官的使用相关。就前者来说，关键在于使孩子总是自助。这就需要强壮、技能、灵巧、安全；例如，有人能够在狭窄的山径上、在面对一个深渊的陡峭高处、在一个摇晃的支架上行走。如果一个人不能这样做，则他也就不完全是他所能是。自从德绍的博爱学院在这方面率先垂范以来，也在其他机构里对孩子们进行过这类尝试。很值得惊 9〔467〕

① 见其《著作集》，史密斯（Smyth）编，第Ⅴ卷，546 页。——科学院版编者注

赞的是，读到瑞士人自幼就已经习惯于在山上行走，以及他们获得这样的能力，以至于在极狭窄的山径上稳健地行走，并跳过他们根据目测就已经知道自己完全能够越过的山涧。但是，大多数人害怕想象中的坠落，而且这种恐惧仿佛使肢体麻痹，以至于这样一种行走对他们来说是与危险相联系的。这种恐惧通常随年龄而增长，而且人们发现，它在脑力劳动者那里尤为普遍。

用孩子做这样一些尝试确实并不很危险。因为孩子们的体重相对于他们的强壮来说比其他人轻得多，因此也摔得不那么重。此外，他们的骨头也不像成人时那么脆且易折。孩子们也自己尝试运用自己的力量。例如，人们经常看到他们攀援，却没有任何意图。奔跑是一种有益于健康的运动，强健体魄。跳远、举重、负重、抛掷、投标、摔跤、赛跑和所有这类锻炼都很好。跳舞就其是艺术性的而言，对真正的孩子来说似乎还早。

投掷方面的锻炼，一方面要投得远，另一方面也要投得准，也有锻炼感官，特别是锻炼眼力的目的。球类游戏是最好的儿童游戏之一，因为它也还需要有益于健康的奔跑。一般来说，在锻炼技能之外也还附带锻炼感官的游戏就是最好的，例如锻炼眼力准确地判断距离、大小和比例，根据周围景物借助太阳找出一些地方的方位等等，所有这些都是好的锻炼。位置想象力也是某种很有好处的东西，它指的是把一切在人们确实见到
9〔468〕过它们的地方想象出来的能力，例如通过记住之前经过的树而走出森林的游戏。还有 memoria localis [位置记忆力]，即例如不仅知道在哪本书里读到过某种东西，而且知道它在书中的什么地方。音乐家就是这样把琴键记在脑子里，可以不再去先张望它们。孩子们听觉的培养同样需要，以便通过听觉而知道某种东西远还是近，以及在哪边。

孩子们的盲牛游戏在希腊人那里已为人所知，他们称之为μυϊνδα[①]。一般来说，儿童游戏是很普遍的。德国的儿童游戏在英国和法国等国也都能发现。其根据在于孩子们的某种自然冲动。例如在玩盲牛游戏时，看一看他们在缺少一种感官时如何能够自助。陀螺是一种特别的游戏；但这样一些儿童游戏却给成人提供进一步反思的素材，有时也提供重大发明的诱因。**谢格奈**[②]就写过一篇关于陀螺的论文，而陀螺还给一位英国船长提供机遇，发明了一面用来能够在船上测量星辰高度的镜子。

孩子们喜欢制造噪声的器械，例如小鼓、小号以及诸如此类的东西。但这样的东西不合适，因为他们会因此而烦扰别人。但如果他们学习自己切削一根管子，使之能够吹奏，这类情况就会好一些。

荡秋千也是一种好运动；甚至成人也用它来促进健康，只不过孩子们玩时需要照管，因为这种运动会变得很快。放风筝同样是一种无可指责的游戏。它培养让风筝升得相当高时视风而定达到某个位置的技能。

为了这些游戏，孩童放弃了其他需要，就这样逐渐地学会也短缺某种别的东西等等。尤其是，他由此习惯于持续地活动，但正因为此，它在这里不可以是纯然的游戏，而必须是有意图和终极目的的游戏。因为他的身体越是以这种方式得到增强和锻炼，他就越是能够抵御娇惯的不良后果。就连体操也只应当 9〔469〕
操控自然，因而不可以造成强制的优美。必须首先出现的是训诫，而不是传授。但这里要注意的是，人们在培养孩子们的身

① 《帕拉克斯》(Pallax)，Ⅸ，110、113。——科学院版编者注

② 《论形状产生的压力》，格廷根，1735。——科学院版编者注

体时，也是在为社会塑造他们。**卢梭**说："你们不先有一个顽童，就永远塑造不出一个能干的人！"一个活泼的孩童成为一个优秀的人，要比一个冒失的小男孩成为一个行事聪明的青年更有可能。孩子只需在社交中不烦人，但他必须也不阿谀奉承。他必须对别人的邀请亲切而不勉强，坦率而不鲁莽。办法就是：只要不败坏任何东西，不要给他关于规矩的概念，这些概念只会使他畏首畏尾怕见人，或者在另一方面不让他有想引起注意的念头。没有比孩子早熟的庄重或者冒失的自负更可笑的了。在后一种情况里，我们必须更多地让孩子感受到他的弱点，但毕竟也不能让他过度感受到我们的优势和控制，以便他虽然是从自己出发完善自己的，但却只是在社会中，虽然在社会中世界对他足够大，但必须也对别人足够大。

《项狄传》中的**托比**把一个长时间烦扰他的飞虫赶出窗外，对它说："滚开，你这可恶的动物，世界对我和你来说足够大了！"每个人都可以使这成为自己的座右铭。我们不可以相互烦扰，世界对我们所有人来说都足够大。

※　　※　　※

我们现在谈灵魂的培养，人们在某种意义上也可以把它称为自然的。但是，人们必须把自然和自由彼此区分。为自由立法，与塑造自然是完全不同的事情。身体和灵魂的自然毕竟在这一点上是一致的，即人们试图对其两方面的塑造来防止败坏，艺术对前者就像对后者一样还有帮助。因此在某种意义上，人们同样能够把灵魂的塑造与身体的塑造一样称为自然的。

但是，精神的自然塑造在这一点上有别于道德塑造，即后者仅仅以自由为目标，前者则仅仅以自然为目标。一个人可能

受到了很好的自然培养，他可能有一个很有教化的精神，但在道德上没有培养好，毕竟是一个恶的造物。 9〔470〕

但是，**自然的**培养必须与**实践的**培养区别开来，后者是**实用的**或者**道德的**。在后一种情况里，它是**道德化**，不是**培养**。

我们把精神的**自然**培养分为**自由的**培养和**校园的**培养。**自由的**培养仿佛只是一种游戏，与此相反，**校园的**培养则构成一种事务；**自由的**培养是在孩童这里必须始终注意的；但就**校园的**培养而言，孩童则被视为处在强制之下。人们可以在游戏中忙，人们把这称为在休闲中忙；但人们也可以在强制中忙，而人们把这称为工作。校园的塑造对于孩子来说应当是工作，而自由的塑造则应当是游戏。

人们已经设计各种不同的教育计划，以便尝试哪种方法对于教育来说是最好的，这也是很值得称赞的。此外，人们也想到让孩子们像在游戏中那样学习一切。在某一期《哥廷根杂志》上，**利希藤贝格**[①]批评了让人们试图以游戏的方式从因为必须有朝一日进入忙碌的生活而毕竟应当尽早地习惯于事务的孩童们那里得出一切的那种妄念。这种做法造成一种完全颠倒的结果。孩子应当游戏，应当有休息的时间，但他也必须学习工作。其技能的培养当然也像精神的培养一样是有益的，但两种方式的培养必须在不同的时间里进行。人如此偏好于无所事事，这对他来说本来就是一种特殊的不幸。一个人越是游手好闲，就越是难以下决心去工作。

① 《答一位未署名者的公开信》，第 3 年度，第 4 期，589 页。——科学院版编者注

就工作而言，忙碌并非本身就是惬意的，人们从事它乃是由于别的意图。与此相反，游戏中的忙碌却自身就是惬意的，不再有别的任何目的。如果去散步，则散步本身就是目的，而且走得越远，它就越使我们惬意。但如果我们去某个地方，则位于某个地方的学会或者别的什么东西就是我们此行的目的，
9〔471〕而我们就喜欢选择最短的路径。纸牌游戏也是这样。看到一些有理性的人能够经常坐数小时之久，在那里洗牌，确实令人奇怪。它说明，人要不再是孩子并不容易。因为那种游戏比孩子们的球戏好到哪里去了？并不是要成年人恰恰骑在竹杖上，但他们毕竟骑在别的木马上。

孩子们学习工作，这是最为重要的。人是惟一必须工作的动物。他必须先做许多准备，才能使自己为其生计而享受某种东西。问题是：上天如果为我们准备妥当了一切，使我们可以根本不工作，它对我们的照管就更仁慈了吗？答案无疑是否定的。因为人要求事务，甚至是一些带有某种强制的事务。① 认为亚当和夏娃只要待在伊甸园里，就会除了一起坐一坐、唱一唱田园牧歌和观赏大自然的美，不做任何事情，这种想法是同样

① 大多数人肯定需要一种职业或者职务的特定忙碌，而且不乏这样的实例，即人们通常所说的退了休的人，与他们之前从事其特定工作时满意且健康相比，变得不满意，甚至生病，这不是因为缺少事务，而是因为他们现在所要做的事情不再有特定的时间，一切都仅仅取决于他们的喜好。其根据依我看来在于，一种特定的职务工作或者职业工作把我们置于许多关系之中，因而也给我们的生活带来许多变换，这些变换不管是惬意的还是不惬意的——只要它们并不在压倒性的程度上是不惬意的——都强化我们的力量，并由此而更多地保持我们的清醒以及我们的善良意志。尤其是，当人们必须有所成就时，通常也成就更多；这样人们就能在每天结束时为自己结账，看自己是不是无所事事、毫无用处地活着，而这种思想就具有某种绝对振奋人的东西，而且依我说是锻炼人的东西。没有任何真正的职业或者职务的人，当然能够做他有力量和有意愿做的一切；但正因为此，选择对他来说就变得如此困难，常常是在他决定做这件工作或者那件工作之前，日子就流逝了。——编者注

错误的。毫无疑问，无聊同样会折磨他们，就像在类似的境地里折磨其他人那样。

人必须以这样一种方式来充实，即他以根本感觉不到自己的方式，脑子里充满了他眼前的目的，对他来说最好的休息就是工作之后的休息。因此，孩子必须习惯于工作。而除了在学 9〔472〕
校里，还应当在什么别的地方来培养对工作的偏好呢？学校是一种强制性的培养。让孩子习惯于把一切都视为游戏，是极其有害的。他必须有时间休息，但也必须有一段时间在工作。尽管孩子并非马上就看出这种强制有什么用，但他将来毕竟会觉察到它的巨大好处。一般来说，如果总是想回答孩子们的问题：这有什么用？那有什么用？就只会纵容他们的好奇心。教育必须是强制性的，但不可以因此而是奴役性的。

至于心灵力量的自由培养，则必须注意让它总是在进步。真正说来，它必须关乎高等力量。低等力量总是附带得到培养，但只是考虑到高等力量；例如，机智就是考虑到知性来培养的。这里的重要规则是：没有一种心灵力量是单独培养的，而是必须每一种都仅仅与别的心灵力量相关来培养；例如想象力的培养就是为了知性。

低等力量独自没有价值，例如一个博闻强记却没有任何判断力的人。在这种情况下，这样一个人就是一个活字典。帕纳塞斯的这样一些载重驴子也是必要的，尽管他们自己不能提供任何聪颖的东西，毕竟在搬运材料，以便其他人能够从中造就出某种好的东西。——机智如果不加上判断力，所提供是就全然是瞎闹。知性是对普遍的东西的认识。判断力是把普遍的东西运用于特殊的东西。理性则是看出普遍的东西与特殊的东西的联结的能力。这种自由的培养从童年开始一直进行到年轻人结束一切教育为止。例如，当年轻人举出一条普遍规则时，人们可以让他从包裹这条规则的历史、传说中举出其事例，从诗人们那里举出已经表达这条规则的段落，这样就给他以机会来锻炼自己的机智和记忆力等等。

“tantum scimus, quantum memoria tenemus”［我们记住多少，就知道多少］这条格言当然有其正确性，因此记忆力的培养是很必要的。所有的事物都是这样的，即知性先跟随感性印象，而记忆力则必须保存这些印象。例如，对语言来说就是这
9〔473〕种情况。人们可以要么通过死记硬背，要么通过交往来学习语言，而后者对于活的语言来说是最好的方法。学单词确实是必要的，但最好是在让孩子学词汇时，让这些词汇在人们自幼就读的作者那里出现。年轻人必须掌握某个定额的词汇。人们也最好通过某种机制来学习地理学。记忆力尤其喜爱这种机制，而在大量事例中它也是很有用的。对于历史来说，迄今尚未发明出任何相当适合的机制；人们虽然尝试过表格，但看来也不怎么行得通。① 不过，历史是一种在判断中锻炼知性的杰出手

① **施勒策尔**的历史年表也有这个最终目的。甚至**佩斯塔罗齐**的理念与方法，似乎在某种意义上也是旨在这样一种机制。* ——编者注

* 施勒策尔的《世界历史介绍》（格廷根和哥达，1772）包含着一个附录：“世界各主要民族的历史：扼要地分为各简单的时期”。我也发现被引用的有 Chr. v. 施勒策尔：《依据施勒策尔的方法的两个世界历史编年史表》，多尔帕特，1810。此外正确地评价了施勒策尔的教育学功绩的凯尔（Kehr），其《德国公立学校课程的方法论历史》（第Ⅱ卷，103 页以下）根本没有提到历史表。——关于佩斯塔罗齐对历史课程的探讨，最有教益的是沙赫特（Schacht）的报告（载《赫尔墨斯》，莱比锡，布洛克豪斯出版，1823）；摘要载以色列（Isreal）：《佩斯塔罗齐的依佛登研究所》，特别是 109～110 页，哥达，1900。——科学院版编者注

段。记忆是很必要的，但对纯然的锻炼来说就根本不适用，例如，让人把讲演背得滚瓜烂熟。它充其量也就有助于提高胆量，而除此之外，背诵只是成人们的事情。① 这也包括人们纯然为了一场未来的考试或者考虑到 futuram oblivionem［以后的遗忘］而学习的一切东西。人们必须仅仅让记忆力去处理那些我们在意记住并且与现实生活有关的事物。孩子们读小说最为有害，因为孩子们除了在读小说的时刻，小说有助于他们消遣之外，对小说没有任何进一步的利用。读小说削弱记忆力。因为想记住小说并向别人复述，这是很可笑的。因此，必须从孩子们手中拿走一切小说。他们在读小说时，就在小说中为自己塑造一部新小说，因为他们以不同的方式给自己想出种种境遇，浮想联翩却又毫无思想地坐在那里。

分心是绝不可以接受的，至少在学校里是这样，因为分心 9〔474〕
最终造成这方面的某种倾向，造成某种习惯。就连最好的才能，在心不在焉的人那里也会被毁掉。即便孩子们在娱乐时分心，他们毕竟很快集中精神；但如果他们在脑子里有坏念头，人们就看到他们最为分心，因为这时他们就在想怎样才能掩藏这些念头，或者使它们重归于好。他们在这时听一切东西都是半心半意，答非所问，不知道自己在读什么，等等。

必须及早培养记忆力，但也必须同时立刻培养知性。

培养记忆力要：1. 通过记住故事中的名字；2. 通过阅读

① 当然，有许多明智且有见识的人如表现出来的那样不能背诵；但毫无疑问，人们更容易记住必须诵读、或者至少能够诵读的东西，至于要尽早并且成功地奠定这方面的基础，则由最近的阅读法得到了证明。参见**奥利菲尔**的**《论好的教学方法的特性和价值》**，莱比锡，1802，及其**《教授阅读和正确书写的艺术》**，德绍，1801。

和书写；但前者还要求用脑子练习，而不是通过一个一个字母地费力阅读；3. 通过语言，在孩子能够读点什么之前，必须首先让他们听语言。然后，一种合目的地安排的所谓 orbis pictus［世界图解］就有了很好的用场，而人们可以从植物采集，从一般而言的矿物学和自然描述开始。对这些对象形成一个概观，就为绘画和模型制作提供了推动，而后者又需要数学。最早的科学课最好与地理学相关，包括数理地理学和自然地理学。然后由铜版画和地图解说的游记就导向政治地理学。从地球表面的当代状况，再返回到过去的状况，达到古代的地理学和历史学等等。

但在孩子这里，人们在教学中必须力求逐渐地把知识与能力结合起来。在所有的科学中，看来数学是唯一最好地满足这一最终目的的这类科学。此外，知识和言说也必须结合起来（滔滔不绝、措辞优雅和能言善辩）。但即便是孩子，也必须学会清晰地把知识与纯然的意见和信念区别开来。这样，人们预备的就是一种正确的知性和一种**正确的**而非精细的或者纤巧的鉴赏。这种鉴赏必须首先是感官的鉴赏，尤其是眼睛的鉴赏，但最终是理念的鉴赏。

在培养知性的一切东西里面，都必须有规则。把规则也抽
9〔475〕出来，以便知性不仅机械地而且借助对一个规则的意识来行事，这是很有助益的。

把规则变成某种定式，就这样把它交付给记忆力，也是很好的。如果我们记住了规则，即便忘记了运用，我们也毕竟很快又找到路径。这里的问题是：规则应当首先抽象地先行吗？规则应当在人们完成应用之后才学习？或者规则和应用应当同

步进行？惟有后者是值得推荐的。在别的场合，直到人们达到规则之前，应用是不可靠的。但是，规则有时也必须归类，因为如果它们不相互联系，人们就记不住它们。因此，就语言来说，语法必须总是在某种事情上先行。

※ ※ ※

但是，我们现在必须也对教育的整体目的及其实现方式给出一个系统的概念。

1. **对心灵力量的普遍培养**，与其特殊培养有别。它关涉技能和完善，不是给学童特别在某方面传授什么东西，而是强化其心灵力量。它：

a. 要么是**自然的**。在这里，一切都基于练习和训诫，孩子们可以不学习任何准则。它对于学生来说是**被动的**，学生必须服从另一个人的引导。别的人为他思考。

b. 要么是**道德的**。它在这种情况下不是基于训诫，而是基于准则。如果人们要把它建立在前例、威胁和惩罚等等之上，则一切都被败坏了。它在这种情况下就纯然是训诫。人们必须注意，让幼童行事好乃是出自准则，而不是出自习惯，他不仅做好事，而且是因为好才那样做。因为行动的全部道德价值就在于善的准则。自然的教育就在这一点上与道德的教育相区别，即前者对于幼童来说是被动的，而后者则是能动的。他必须在任何时候都看出行动的根据以及行动被义务概念所引导。

2. **对心灵力量的特殊培养**。出现在这里的是对认识能力、感官、想象力、记忆力、注意力的强度和机智的培养，因而关

9〔476〕涉知性的**低等力量**。关于感官例如眼力的培养，上面谈过了。至于想象力的培养，则要注意以下的东西。孩子们有极强的想象力，而且它根本不需要先通过童话来更多地振奋和扩展。毋宁说，它必须得到约束，被置于规则之下，但也必须不使它变得完全无所作为。

地图自身就有某种东西吸引所有的孩子，哪怕是很小的孩子。他们在对所有别的东西都感到厌烦时，毕竟还学习人们使用地图干什么。而这就是孩子们的一种好娱乐，在这里他们的想象力不可能信马由缰，而是必须仿佛坚守某种图形。对于孩子们来说，确实可以从地理学开始。同时可以结合动物和植物等等的形状；这必然使地理学变得生动活泼。但历史学却必须晚一些再跟进。

至于注意力的加强，则要注意的是，注意力必须得到普遍的加强。我们的思想僵持在一个客体上，这与其说是一种才能，倒不如说是我们的内感官的一种弱点，因为它在这种情况下不会拐弯，不能根据喜好来运用。分心是所有教育的敌人。但记忆力则基于注意力。

但是，就高等的知性力量而言，这里出现的是对知性、判断力和理性的培养。人们一开始在某种意义上也可以被动地通过为规则援引例证，或者反过来为个别事例找出规则来塑造知性。判断力表明对知性如何加以运用。要理解人们所学或者所说的东西，而不是不加理解地复述，就需要这种运用。有多少人读到和听到某种东西，哪怕自己相信也不去理解它！这就包括图画和事物。

人们通过理性看出根据。但必须考虑到，这里说的是一种还受到引导的理性。因此，它并非必须总是要推理，而且对它来说，也不必过多地去猜度超出概念的东西。这里还不是思辨理性，而是对所发生的事情按照其原因和结果来进行反思。它是一种就其事务和安排而言的实践理性。

心灵力量最好这样来培养，即让人自己去做他想做到的一切事情，例如，让他把学过的语法规则马上投入使用。如果有人能够自己制作一幅地图，他对这地图就理解得最好。理解以制作为最重大的辅助手段。对于仿佛是从自身学到的东西，人们就学得最全面，记得最牢。不过，只有少数人有能力这样做。人们称其为自学者（αυτοδιδακτοι）。 9〔477〕

就对理性的完善来说，人们必须以苏格拉底的方式进行。也就是说，**苏格拉底**称自己为其听众的知识的助产士，在其由柏拉图在某种程度上为我们保存下来的对话中提供了榜样，即在年长的人们那里，人们自己就能够从其自己的理性中引出好多东西。孩子们在许多事情上不需要使用理性。他们不必对一切都推理。对于应当使他们受到良好教育的东西，他们不需要知道其根据；但一旦涉及义务，就必须使他们知道根据。不过一般来说，人们必须注意不是把理性知识灌输给他们，而是从他们里面引出理性知识。苏格拉底式的方法应当在问答式方法中构成规则。它当然有点慢，而且要安排得在把知识从一个人里面引出时让别的人也学到某种东西，是件困难的事情。机械问答的方法对于许多科学来说也是好的；例如，对于启示宗教的宣讲来说。与此相反，对于普遍的宗教来说，人们就必须使用苏格拉底式的方法。因为就必须历史地学习的东西而言，机械问答的方法最为合适。

这里也包括愉快或者不快的情感的塑造。它必须是否定性的，但情感本身不得娇惯。对人来说，安逸的倾向比生活的一切恶习都更为有害。因此，让孩子们自幼就学会工作，是极其重要的。孩子只要没有被娇惯坏，实际上都喜欢与劳累相联结的娱乐和需要种种力量的忙碌。就他们所享受的东西而言，必须使他们不贪吃，不让他们挑食。通常，母亲在这方面纵容自己的孩子，一般而言娇惯他们。但人们毕竟注意到，孩子们，
9〔478〕尤其是儿子，爱父亲甚于母亲。这也许是因为母亲害怕孩子会受伤害，而根本不让他们乱跳乱跑等等。与此相反，父亲责骂他们，甚至在他们顽皮时责打他们，却时而带他们到田野上，让他们在那里真正童稚般地奔跑、游戏和欢乐。①

人们相信，可以通过让孩子长时间地等待某种东西来锻炼其耐心。这其实没有必要。但是，他们在生病以及诸如此类的事情上是需要耐心的。耐心是双重的。它要么在于放弃所有的希望，要么在于鼓起新的勇气。只要人们还要求可能的东西，前一种耐心就是不必要的，而只要人们渴求正当的东西，就可以一直有后一种耐心。但在生病时，绝望将加重病情，就像鼓足勇气能改善病情。不过，与自己的自然状态和道德状态相关还能够鼓起勇气的人，也不会放弃希望。

一定不要让孩子们变得畏首畏尾。这种情况尤其是因人们严词责骂他们并且经常羞辱他们而发生。属于此类的，特别是

---

① 在我看来，一个更切近的根据在于，父亲更少有与其孩子们戏耍，因此其爱的证明也获得了一种更大的价值。尤其是，父亲们也通常更多地注重遵循其诫命，很少表现出其在迁就方面的弱点，这样就产生了某种敬重，它是信赖和爱的最牢固的基础。但是，这已经以某种注意力为前提条件，而且正因为此，孩子们在最初的岁月里，尤其是儿子，更多地依赖于母亲。——编者注

许多父母的叫喊："呸，你羞不羞!"根本看不出来，孩子在例如吃手以及诸如此类的事情上真正说来有什么可羞的。人们可以对他们说："这不该做，这不合礼仪"，但绝不能对他们喊："呸，你羞不羞!"——除非是在他们撒谎时。自然给予人羞耻感，使人一旦撒谎就暴露出来。因此，如果父母在孩子撒谎之外绝口不对孩子谈羞耻，孩子就会终生记住这种涉及撒谎的羞愧。但如果不停地让他们羞愧，就会造成一种此后不可改变地附着在他们身上的畏缩心态。

如上所说，一定不要压抑孩子们的意志，而只是以让它顺
从自然障碍的方式来驾驭它。开始时，孩子当然必须盲目地服 9〔479〕
从。让孩子通过自己的哭叫发号施令，让强者服从弱者，这是不自然的。因此，即便是在孩子们最幼的时候，也必须绝不迁就其哭叫，绝不让他们借此强求什么。通常，父母们都忽视这一点，想通过在以后的时间里再拒绝孩子的一切请求，来使他们重新变好。但是，仅仅为了对他们做出阻抗，让他们作为较弱的一方感受到长者的优势，就毫无理由地拒绝他们期待于父母的慈爱的东西，这是颠倒行事。

如果人们满足孩子的意志，孩子就被娇纵，而如果人们完全与他们的意志和心愿作对，则对他们的教育就是完全错误的。前者通常发生在他们是父母的一个玩具时，尤其是在他们开始学说话时。但从娇纵中，产生出对整个人生的一种极大损害。在与孩子们的意志作对时，人们虽然同时阻止孩子表达自己的不满，而不满是当然要发生的，但他们却在内心里愤愤不平。他们还没有学会此时行事应当遵循的方式。——因此，人们在孩子自幼就必须遵循的规则是：如果孩子哭叫，并且人们相信他们受到了某种伤害，就过来帮助他们，但如果他们只是出自

不满而哭叫，那就不理他们。此后，同样的做法也必须不间断地执行。孩子在这种情况下遇到的阻抗是完全自然的，真正说来是否定性的，因为人们只是不迁就他。与此相反，一些孩子只要坚持请求，就从父母那里得到他们所要求的一切。如果人们让孩子通过哭叫得到一切，他们就变得狡诈，但如果他们通过请求得到一切，他们就变得温和。因此，如果没有相反的做法的明显理由，人们就必须满足孩子的请求。但如果找到不满足他们的理由，则人们必须也不为一再的请求所打动。任何一个拒绝性的回答都必须是不可撤销的。在这种情况下，它首先具有的效果是，人们不可以常常拒绝。①

9〔480〕 假定有一种人们只能极为罕见地设想的情况，即在孩子这里有固执的自然禀赋，那么，最好的做法就是：如果他不做让我们喜悦的事，我们就也不做让他喜悦的事。——对意志的压抑造成一种奴役性的思维方式，与此相反，自然的阻抗造成可驾驭性。

道德的培养必须建立在准则上，而不是建立在训诫上。后者是阻碍坏习惯，前者则是塑造思维方式。必须注意让孩子习惯于按照准则，而不是按照某些动机行动。通过训诫，所剩下的只是一种毕竟也随着年龄的增长而消失的不良习惯。孩子应当学会按照他自己看出其正当性的准则行动。人们很容易看出，在小孩子那里很难做到这一点，因此道德塑造也要求父母和教

① 世上有少数真坏的人，也就是说，他们是出自原理坏的。但与此相反，有许多人丧失了品质，或者更正确地说，他们从未有品质，而大多数毛病都是由此产生的。据此，一切教育学的主要任务就是把孩子塑造成一种遵循法的概念的品质，而不是遵循荣誉的概念的品质，因为后者排斥品质。这种塑造的基础就是榜样，而在这里，有什么榜样比已经在父母的软弱顺从中也显示给孩子的那种缺乏自己的态度、缺乏自己的品质的榜样更有害呢？孩子无品质的根源正在于此。——编者注

师这方面有大多数的见识。①

如果孩子例如撒谎，则人们一定不要惩罚他，而是对他轻蔑，告诉他以后会不相信他，等等。但如果孩子做了坏事人们就惩罚它，做了好事人们就奖励他，则他就为了得到好处而做好事。以后，如果他进入一个并不如此行事、可能做好事而得不到奖励、做坏事而不受惩罚的世界里，他就会变成一个只关心自己怎样才能在世上过得好的人，为善为恶，全看他认为那 9〔481〕
事对自己最有好处。

准则必须从人自身产生。就道德培养来说，人们应当尝试尽早给予孩子们关于善恶的概念。如果想确立道德性，人们就必须不惩罚。道德性是某种如此神圣和崇高的东西，以至于不可以如此抛弃它，把它与训诫置于同一档次。道德教育的最初努力是确立一种品质。品质在于按照准则行动的能力。最初是学校的准则，然后是人性的准则。最初，孩子服从法则，准则也是法则，但却是主观的法则；它们产生自人自己的知性。但对学校法则的任何触犯都不得不受惩罚，尽管惩罚必须总是与触犯相当。

如果人们要给孩子塑造一种品质，则关键多半在于让他们注意到，在所有事情上都有必须极严格地遵循的某个计划、某些法则。例如，给他们规定睡觉、工作和娱乐的时间，此后也必须不延长或者缩短。在无所谓的事情上，可以让孩子们选择，

---

① 我在前面已经暗示，这些准则不能是荣誉的准则，而必须是法的准则，因为前者很能与无品质共存，后者却不能。此外，荣誉是某种完全约定俗成的东西，在某种意义上必须是学到的，而为此就需要经验。因此，沿着这条途径，只是很晚才能设想品质的塑造，或者毋宁说，它很晚才是可能的。与此相反，法的观念深深地植根于每个孩子、哪怕是最娇气的孩子的灵魂之中，因此，人们不要对孩子喊叫：“呸，你羞不羞!”最好是一再把他带回到这个问题：“这也是正当的吗?”——编者注

只是他们一旦使什么成为法则，事后就必须一直遵循。——但对孩子们来说，人们必须塑造的不是一个公民的品质，而是一个孩子的品质。

不给自己设定某些规则的人是不可靠的，人们常常不知道如何适应他们，而且人们绝不能正确地知道如何与他们相处。虽然人们常常指责一直按照规则行动的人，例如按照钟表给每个行动都确定某个时间的人，但这种指责往往是不公道的，而且这种准确尽管看起来有些迂腐，却是一种有助于品质的素质。

一个孩子，特别是学生，其品质首先需要服从。这种服从是双重的，首先是服从一个领导的**绝对的意志**，其次是服从一个领导的**被承认有理性和好的意志**。服从可以派生自强制，在这种情况下它就是**绝对的**，或者派生自信赖，这时它就是另一
9〔482〕 种服从。这种**自愿的**服从很重要；但那种绝对的服从也极为必要，因为它使得孩子为遵守那些他将来作为公民即便不喜欢也必须遵守的法则做好了准备。

因此，孩子们必须处在某种必然性的法则之下。但这种法则必须是一种普遍的法则，在学校里要特别注意这一点。教师一定不要在众多孩子中间表现出偏爱，特别对一个孩子表现出对优点的喜爱。因为若不然，法则就不再是普遍的了。一旦孩子看出不是所有其他人也都必须遵从同样的法则，他就会变得反叛。

人们总是在说，所有的东西都必须以这种方式介绍给孩子们，要使得他们出自偏好来做这些事。在许多情况下，这当然是好的，但人们也必须把许多东西作为义务规定给他们。这在今后对整个人生都有很大的益处。因为对于公共捐税、对于职

务工作以及在许多别的情况下，只是义务，而不是偏好在引导着我们。假定孩子也看不出义务，这样做也毕竟好一些，而某种东西是他作为孩子的义务，这他毕竟清楚地看出来了，但要看出某种东西是他作为人的义务，就要难一些。如果它能够也看出后一点，服从就会更为完善，但这要随着年龄的增长才有可能。

一个孩子对禁令的所有触犯都是服从的短缺，而且这种触犯招致惩罚。即便是对禁令的不小心触犯，惩罚也并非没有必要。这种惩罚要么是**自然的**，要么是**道德的**。

道德的惩罚是指人们伤害受尊敬和被喜爱的偏好，这些偏好是道德性的辅助手段，例如，人们使孩子感到羞愧，冷淡漠然地对待他。因此，这种惩罚方式是最佳的方式，因为它有助于道德性；例如，当一个孩子撒谎时，轻蔑的一瞥就足够是惩罚了，而且是最合目的的惩罚。

自然的惩罚要么在于拒绝所渴求的东西，要么在于施加惩罚。前一种方式与道德的惩罚相近，是否定性的。后一种惩罚则必须谨慎施行，以免产生 indoles servilis［奴性的孩子］。付给孩子奖励的做法也不可行，他们将由此变得自私，并由此产生一种 indoles mercennaria［功利性的孩子］。

此外，服从要么是孩子的服从，要么是**成长中的**少年的服从。就对服从的触犯而言，产生的是惩罚。这种惩罚要么是一种真正**自然的**惩罚，它是人自己通过自己的行为招致的，例如孩子如果吃得太多就生病，而且这种惩罚是最好的惩罚，因为人终生都经受它，不仅仅是作为孩子；要么惩罚是**人为的**。受重视和被喜爱的偏好是如此安排惩戒、使其持久有效的一种可 9〔483〕

靠手段。自然的惩罚必须只是道德的惩罚不足时的补充。如果道德的惩罚完全没用，人们在这种情况下进展到自然的惩罚，则由后者毕竟再也塑造不出好的品质。但起初，自然的强制必须弥补孩子思虑的缺乏。

带有愤怒征兆的惩罚产生错误的效果。孩子们在这种情况下把它视为另一个人情绪的后果，而把自己视为其情绪的对象。一般来说，对孩子施加惩罚必须始终谨慎，要让他们看到惩罚的最终目的仅仅是他们的改善。让孩子在受惩罚时道谢、亲吻手等诸如此类的做法是愚蠢的，并使孩子们成为奴性的。如果自然的惩罚经常被重复，则他们造就的就是一个执拗的人，而如果父母们因为孩子的固执而惩罚他们，则只会使他们越来越固执。——不过，固执的人也不总是最坏的人，而是经常易于向善意的想法让步。

成长中的少年的服从与孩子的服从不同。它在于对义务的规则的遵从。出自义务做某件事情就叫做服从理性。对孩子们谈论义务，那是白费工夫。他们最终是把义务视为某种触犯了就要挨鞭子的东西。[①] 孩子可能由纯然的本能来引导，但他一旦
9〔484〕 长大，义务概念就必须出现。就连羞耻也一定不要用于孩子，

① 如果我问孩子，他自己所做的这件事或者那件事是否正当，则他将回答我，确切地说多半回答：是的。如果这是某种不正当的事情，并且我继续问：你应当做这件事吗？他的回答肯定是：不！如果人们进一步信赖这种意识，孩子就逐渐地在某种意义上自己形成了义务概念，不可以就这个概念对他喋喋不休。但是，在这样的情况下还需要鞭子的人，要么是一个坏的教育者，要么他就是在与一个已经败坏的孩子打交道，他也许是自己使这孩子败坏的，而且恰恰是通过他的殴打。不过，如果以这种方式教育孩子，人们就必须把他主要只归因于他自己的行动及其正当性，至多在他的玩伴或者其他人的很引人注目的、对孩子来说变得可以觉察的行动上允许例外，因为一种相反的做法很容易会导致挑剔欲和恶意中伤。——编者注

而是到少年才用。也就是说，它只有在荣誉概念已经植根的时候才能找到位置。

确立孩子品质的第二个主要方面是诚实。诚实是一种品质的基本特征和本质。一个撒谎的人根本没有任何品质，而如果他有某种优点，这种东西也仅仅来自于他的性情。好多孩子有一种撒谎的倾向，这常常必须从一种生动的想象力得出。父亲的事情就是注意让孩子戒除这种倾向；因为母亲们通常认为这是一件无关痛痒的事情；她们甚至经常把这看做其孩子的优秀禀赋和能力的一种讨她们自己喜欢的证明。这里就是使用羞耻的地方了，因为孩子在这里已经很好地理解它。如果我们撒谎，羞愧就把我们暴露出来，但它并不总是撒谎的证明。人们常常为别人指责我们有过的无耻行径脸红。在任何条件下，都一定不要试图通过惩罚来强求孩子说真话，他们的谎言必定马上给他们招来后患，在这种情况下他们就因后患而受到了惩罚。撤除尊重是对谎言的惟一合乎目的的惩罚。

惩罚也可以划分为**否定性的**惩罚和**肯定性的**惩罚，其中前者可用于懒惰或者不合道德之事，例如撒谎、不听话和难以相处。但肯定性的惩罚适用于恶意的不满。但人们首先要防止对孩子耿耿于怀。

孩子品质的第三个特征必须是**合群**。他必须也能够与别人保持友谊，并非总是自己独处。有些教师在学校里有悖于此；这是很不正当的。孩子们应当为生活的最甜蜜享受做好准备。 9〔485〕
教师偏爱孩子们中的某一个，必须不是因为其才能，而只是因为他的品质，因为若不然，就会产生与友谊相悖的妒忌。

孩子们也必须心胸坦荡，这样他们的目光就会像太阳一样明朗。惟有快乐的心才能感受到对好的东西的愉悦。使人阴沉的宗教是错误的；因为人必须以欢快的心来事奉上帝，而不是出自强制。一定不要把快乐的心总是严厉地束缚在学校的强制之中，因为在这种情况下，它将很快垂头丧气。如果它有自由，它就又复原。有助于此的是孩子有自由、孩子力争比别人做得更好的某些游戏。在这种情况下，心情将又变得开朗。

许多人设想，自己的童年是其一生的最美好、最惬意的时光。其实并非如此。那是最艰辛的岁月，因为人们那时候处在管教之下；罕能有一个真正的朋友，更罕能有自由。贺拉斯就说过：Multa tulit fecitque puer，sudavit et alsit［孩子负担和做事许多，流汗又受冻］①。

※ ※ ※

孩子们必须只在与其年龄相当的事情上受教导。许多父母为自己的孩子能够很早就说话老练而高兴。但这样的孩子通常没有出息。一个孩子必须像一个孩子那样聪明。他不可成为一个盲目的模仿者。一个满口老练的道德箴言的孩子，完全超出了他的年龄的规定，他是在模仿。他应当只具有一个孩子的知性，不应当让人看着太早熟。一个这样的孩子绝不会成为一个具有见识和开朗理智的人。同样不堪忍受的是，一个孩子已经要参与一切时髦，例如要美发，要戴手工鬈发，甚至随身携带一个烟盒。他由此获得一种不适宜于一个孩子的矫揉造作的本质。有教养的社交对他来说是一种负担，而最终他将完全缺乏一个男人的气概。但正因为此，人们也必须尽早遏制他的虚荣

① 贺拉斯：《论诗艺》，413。——科学院版编者注

心，或者更为正确地说，不诱使他变得虚荣。但如果人们很早就已经对孩子喋喋不休，说他们怎么漂亮，这件服饰或者那件服饰对他们来说如何可爱，或者许诺把这些东西作为奖励给他们，就会诱使孩子变得虚荣。服饰根本不适合孩子。他们必须 9〔486〕
只是作为生活必需品来接受自己干净而简陋的衣着。但是，就连父母也一定不要太在意服饰，不要照镜子，因为在这里和在其他方面一样，榜样的力量是无穷的，它巩固好的教诲，或者把它消除。

论实践的教育

属于实践教育的有：1. 技能；2. 善于处世；3. 道德性。就**技能**来说必须注意的是，它是精湛的，而不是短暂的。一定不要做出好像了解毕竟事后做不到的事情的假象。技能中必须有精湛，它逐渐地成为思维方式的习惯。它是一个人的品质的本质。技能属于才能。

就**善于处世**而言，它在于把我们的技能用于人身上的艺术，也就是说，如何能把人们用于自己的目的。这需要各种各样的东西。真正说来，它在人身上是最后出现的东西；但按照价值，它居第二位。

当孩子应当善于处世的时候，他就必须掩饰自己，使自己看不透，但又能够洞察别人。他尤其必须在品质方面掩饰自己。外在表现的艺术就是礼仪。人们必须拥有这门艺术。洞察别人是困难的，但人们必须懂得这门艺术，并且反过来使自己看不透。这需要隐瞒，亦即克制自己的缺点，且需要外在的表现。隐瞒并不总是作伪，有时是允许的，但它毕竟接近于虚伪。掩饰是一种迫不得已的手段。善于处世就需要人们处变不惊；但也必须不过于漫不经心。因此，人们必须不激烈，但毕竟要积极肯干。积极是与激烈有别的。一个积极的人（strenuus）是有兴趣去欲求的人。这属于对冲动的节制。善于处世属于性情。

道德性有益于品质。Sustine et abstine［忍耐并且克制］，是为一种睿智的节制所做的准备。如果想塑造一种好品质，人
9〔487〕们就必须先去除激情。人必须在事关自己的偏好时养成这样的习惯，即不使自己的偏好成为激情，而是必须学会在被拒绝时缺少某种东西。Sustine 意味着：忍受和习惯承受！

要想学会缺乏某种东西，就要求有勇气和偏好。人们必须习惯拒绝性的回答和阻抗等等。

同感属于性情。必须防止孩子有一种急切的、感伤的同感。同感实际上是一种敏感性，它只与这样一种敏感的品质相一致。它与同情还有区别，是一种对事情仅仅唉声叹气的弊病。人们应当给孩子们一点零花钱，使他们能够为穷困潦倒的人做好事，这样就会看出他们是否有同情心；但如果他们总是只拿父母的钱慷慨，就不要这样做了。

格言“festina lente”［要快而不急］暗示着一种持久的活动，其间人们必须抓紧，以便学习很多东西，亦即 festina。但人们也必须刨根问底地学习，因此在每件事上都需要时间，亦即 lente。现在问题是：哪个应当优先，是人们应当有渊博的知识面，还是知识面较小，但却精湛。较好的是知道得少，但却对这少数东西知道得精湛，胜似知道得多却肤浅，因为人们在后一种情况下毕竟最终觉察到肤浅的东西。但是，孩子并不知道自己为运用这种或者那种知识会处于什么境遇，因此最好是

对于一切都知道某种缜密的东西，因为若不然，他就以其肤浅地学来的知识欺骗和迷惑他人。

最后就是品质的确立。品质就在于要做某事的坚定决心，然后在于这决心的付诸实施。贺拉斯说：Vir propositi tenax [坚守计划的人][①]，而这就是一种好品质！例如，如果我向某人许诺过某种东西，我就必须信守它，即便它会给我带来伤害。因为一个决心做某事但不做的人，可能对自己再也不信任，例如某人决心一直早起学习，或者做这件事或者那件事，或者去散步，而在春天以早晨太冷，可能对自己有伤害，在夏天又说 9〔488〕
如此适宜于睡觉，而睡觉使他感觉惬意来原谅自己，并且就这样日复一日地推迟自己的决定，最终他将不再信任他自己。

有悖于道德的东西，被从这样的决心中排除。对于一个恶人来说，品质是很坏的，但在这里，尽管他实行自己的决心并且坚定不移而毕竟令人满意，其品质也已经叫做顽固，不过，若是这种品质能表现在好事上就好了。

对于一再推延实施自己的决定的某人，别抱什么希望。所谓未来的皈依就是这种性质。因为一直堕落地生活并且想在一瞬间皈依的人，不可能达到这一点，因为毕竟不可能马上发生一件奇迹，使他一下子就成为那个终生操守良好、一直思想正派的人。正因为此，对朝圣、苦修和斋戒也就没有什么可期待的；因为看不出朝圣以及其他做法能够有助于把一个堕落的人立刻变成一个高贵的人。

如果有人在白天斋戒，而在夜里则再次吃下那么多东西，

---

① 《歌集》，Ⅲ，3_1。——科学院版编者注

或者强加给自己的身体以一种对灵魂的改变不可能有任何助益的赎罪，这可以说是正派和改善吗？

为了在孩子身上确立一种道德品质，我们必须注意以下的东西：

人们必须尽可能多地通过榜样和规定教给孩子们他们应当履行的义务。孩子应当履行的义务毕竟只是对自己和对他人的一些寻常的义务。因此，这些义务必须从事物的本性得出。所以在这里，我们要更详细地加以考察：

1．对自身的义务。这些义务并不在于让自己衣着光鲜，饮宴丰盛等等，尽管一切都必须洁净；并不在于力图满足自己的欲望和偏好，因为人们相反必须很有度和节制；而是在于，人在内心有某种尊严，这种尊严使他比一切造物都更高贵，而他的义务就是不在他自己的人格中否认人性的这种尊严。

9〔489〕但是，如果我们例如酗酒、犯下违背自然的罪行，做出种种无节制的事情，这一切都使得人堕落得禽兽不如，那么，我们就否定了人性的尊严。此外，如果一个人对他人卑躬屈膝，总是阿谀奉承，为的是通过一种如此无尊严的举动来如他误以为的那样献媚，则这也是有悖人性尊严的。

人的尊严也可以让孩子在自身就已经注意到，例如至少与人性不相容的肮脏。但孩子实际上也会由于撒谎而贬低自己的人性尊严，因为他毕竟已经能够思维并且向别人传达自己的思想了。撒谎使人成为普遍鄙视的对象，并且是一种使人丧失尊重和可信的手段，而这些东西本来是每个人都应当拥有的。

2．对他人的义务。必须尽早教给孩子对人的权利的敬畏和尊重，而且必须注意让他付诸实行；例如，如果一个孩子遇到另一个更穷的孩子，并傲慢地把后者从路上或者自己身边推开，给他一击等等，则人们一定不要说："别这样做，这让别人疼；要有同情心嘛！这是一个穷孩子"等等，而是必须反过来同样傲慢和明显地对待他自己，因为他的举动有悖人性的权利。真正说来，孩子们还根本没有慷慨之心。这一点例如可以从如下事情看出来：如果父母吩咐自己的孩子，要他把自己的黄油面包分一半给另一个孩子，但他并不因此而在事后又从父母那里得到更多的，则孩子要么根本不去这样做，要么就是很罕见地且不情愿地去这样做。人们本来就不可以对孩子大谈慷慨，因为他还没有任何东西可供支配。

许多人，如**克鲁戈特**①，都完全忽视或者错误地解释了道德的这个部分，它包含着对自身的义务的学说。但如上所说，对自身的义务在于，人要在他自己的人格中保持人性的尊严。如果他眼前有人性的理念，他就会自责。他在自己的理念中有一个原型，他把自己与之相比较。当岁月增长，对性的偏好开始萌动时，就到了关键性的时刻，这时惟有人的尊严能够约束少年人。但必须尽早给少年人以提示，如何能够面对这件事或者那件事而把持住自己。② 9〔490〕

我们的学校几乎无一例外地缺少某种很能促进把孩子们塑

① 《布道集》，布雷斯劳，1790。第3篇布道词："论基督在间接的积极德性或者对自己的义务方面的道德榜样"（94页）。——科学院版编者注

② 这种尊严的最早情感就是羞耻，因此，Pudor primus virtutis honos［羞耻是德性的第一荣誉］。参见**贺拉斯：《讽刺诗集》**，Ⅰ，6，82*。——编者注

*应是83。——科学院版编者注

造得正派的东西，亦即一种法权问答手册。它必须包含在日常生活中发生的通俗事例，而且期间总是不期而遇这样的问题：某种东西是正当的还是不正当的。例如，如果某人今天本来应向其债权人还钱，却被一个穷困潦倒的人的样子所打动，把自己所欠而且现在本应归还的钱额给了他，那么，这是不是正当的？不是！这是不正当的，因为当我想行善时，我必须是自由的。而当我把钱给穷人时，我是在做一件值得称赞的事；但如果我还我的债，则我是在做一件有责任去做的事。此外，是否允许事急撒谎呢？不允许！想不出任何情况让它值得原谅，在孩子们面前最是如此，否则，孩子们就会把每一件小事都视为急事，并且允许自己经常撒谎。如果现在已经有这样一本书，人们就能够大加利用，每天安排一小时让孩子们了解人的法权这一上帝在尘世最珍贵的东西，并把它牢记在心。①

至于行善的责任，它只是一种不完全的责任。一定不要把孩子的心变得柔软，使他被别人的命运所感染，而毋宁说使它勇敢。他心中充满的不应是情感，而应是义务的理念。许多人实际上变得心肠硬，乃是因为他们此前曾经富有同情心，却常常发现自己受骗。想让一个孩子理解行动的可嘉奖之处是徒劳的。神职人员经常在这一点上犯错，即他们把行善的功德想象
9〔491〕成某种值得酬报的事情。② 且不想我们就上帝而言所能做的从未超出我们的责任，对穷人行善也只不过是我们的义务。

---

① 我们现在已不再缺法权和义务的问答手册，且在这些手册中有好多是很适用的。在好多学校里，确实已经考虑到教导的这个必要的部分。但是，要完全实现康德的美好理念，还有许多事情要做。——编者注

② 而当他们把这种东西与其余一切所谓值得嘉奖的东西一样描述为要求奖赏的一种根据的时候，他们就使得这种错误更加严重了。——编者注

因为人在富裕上的不平等毕竟只是来自于偶然的境遇。因此，如果我拥有某种财富，我所要感谢的也只是我自己或者我的前辈幸运地抓住了这些境遇，而对整体的考虑毕竟始终是这种考虑。

如果人们让孩子注意按照别人的价值来评价自己，就会激起妒忌。毋宁说，他应当按照自己的理性的概念来评价自己。因此，谦卑真正说来无非就是把自己的价值与道德完善进行比较。例如，基督宗教不是教人谦卑，而毋宁是使人谦卑，因为按照它，人必须把自己与完善的最高榜样相比较。认为谦卑就是评价自己比别人低，这是大错特错的。——“看哪，这孩子竟然这样做!”以及诸如此类的东西，这类喊叫只会产生一种极卑鄙的思维方式。如果人按照别人来评价自己的价值，则他就力图要么把自己抬高到别人之上，要么贬低别人的价值。但后者就是妒忌。在这种情况下，人们就总是力图捏造别人的消亡；因为如果那人不存在，他也就不能与那人比较了，他就是最好的了。这种极不恰当的竞争精神激起的只是妒忌。竞争还能有所助益的事例，是使某人相信一件事的可行性，例如我要求孩子学习某个课程，并向他指出，别人能够做到这一点。

绝对不要让一个孩子羞辱别的孩子。必须力争避免一切建立在幸运优越之上的骄傲。但同时，人们也必须力争使孩子们确立率直的性情。它是对自身的一种谦虚的信赖。它使人能够恰如其分地展示自己的所有才能。必须把它与鲁莽区分开来， 9〔492〕
后者在于对别人的判断漠不关心。

人的一切欲望要么是形式的（自由和能力），要么是质料的（与一个客体相关），是妄念或者享受的欲望，最后，要么把二者作为幸福的要素，与其纯然的延续相关。

前一种欲望是求名欲、统治欲和占有欲；第二种欲望是对性（肉欲）、事物（生活舒适）或者社交（对消遣的鉴赏）的享受。最后，第三种欲望是对生活、对健康、对安逸（在未来，无忧无虑）的爱。

但是，恶习要么是邪恶的恶习，要么是卑鄙的恶习，要么是狭隘的恶习。属于第一种的有妒忌、忘恩负义和幸灾乐祸；属于第二种的有不公、不忠实（虚伪）和流氓气质，无论是在浪费财产，还是在浪费健康（无节制）和荣誉方面。第三种恶习是无情、吝啬和惰性（懦弱）。

德性要么是**功绩**的德行，要么纯然是**尽责**的德行，要么是**无辜**的德行。属于第一种的有大度（在于既对报复也对安逸和占有欲的自我克服）、慈善和自制。属于第二种的有正派、中规中矩和温和；最后，属于第三种的是真诚、庄重和知足。

但是，人就本性来说在道德上是善还是恶呢？都不是，因为他就本性来说根本不是一个道德存在者；他只是在自己的理性提高到义务和法则的概念上时，才成为一个道德存在者。在这里人们可以说，他自身原初就具有向着一切恶习的诱惑，因为他有刺激着他的偏好和本能，尽管理性驱使他走向反面。因此，他只能通过德性，因而从自我强制出发成为道德上善的，尽管他没有诱惑就能够是无辜的。

恶习多半产生自文明状态对自然施暴，而我们作为人的规定毕竟是从作为动物的生蛮自然状态中走出来。完善的艺术又成为自然。

就教育来说，一切都基于人们到处都树立正确的根据，并使它们能为孩子们理解和接受。孩子们必须学会以对丑恶和愚蠢的憎恶来取代对仇恨的憎恶；以内在的厌恶取代对人和神的惩罚的外在厌恶，以自知之明和内在尊严取代人们的意见，——以行动和行为的内在价值取代言辞和心情激动，以知性取代情感，——以好心情的欢快和虔敬取代忧郁的、怯懦的和阴沉的虔诚。 9〔493〕

但是，人们首先必须也保护他们，绝不能让他们过分看重 merita fortunae［幸运的价值］。

※　　　※　　　※

就孩子们在宗教方面的教育而言，问题首先是：尽早地教给孩子们宗教概念，这是否可行？对此，在教育学中有许多争论。宗教概念总是以一些神学为前提条件。那么，对于尚不了解世界、尚不了解自身的年轻人来说，能够教给他们一种神学吗？尚不了解义务的年轻人，能够理解对上帝的一种直接义务吗？可以肯定无疑的是，如果这是可行的，即孩子们不旁观崇拜最高存在者的任何行动，甚至连上帝的名称也不听，那么，首先把他们引导向各种目的和适宜于人的东西，磨砺他们的判断力，教他们认识自然作品的秩序和美，然后再加上对世界大厦的更广泛的知识，在此之后才让他们知道一个最高的存在者、一个立法者，这是符合事物的秩序的。但是，由于这按照我们目前的状况是不可能的，所以，如果人们想晚一些才就上帝而言教给他们某些东西，则他们毕竟会听到称呼上帝，旁观对上帝的所谓事奉，这会给他们要么造成漠然，要么造成颠倒的概念，例如对上帝力量的恐惧。但是，既然这里担忧的是，这些东西会在孩子们的想象中扎下根，所以为了避免这些东西，人们就必须力争早些教给他们宗教概念。毕竟这必须不是死记硬背的事情，不是纯然的模仿，不仅仅是猴子的作品，相反，人们选取的路径必须永远是符合自然的。孩子们即便没有关于义
9〔494〕务、责任、好的举止或者坏的举止的抽象概念，也将看出存在着一种义务法则，规定他们的不应当是舒适、用处以及诸如此类的东西，而应当是某种不以人的情绪为转移的普遍的东西。但教师自己必须要形成这个概念。

人们必须首先把一切归因于自然，但此后把自然本身归因于上帝，例如首先一切都着眼于各物种的保存及其平衡，但宏观上同时也着眼于人，是为了人使自身幸福。

上帝的概念最好可以先与养育我们的父亲的概念相类比来阐明，这样就可以很有利地指出人们如同在一个家庭中那样的统一性。

但宗教究竟是什么呢？宗教就是我们心中的法则，这是就法则通过我们之上的一位立法者和法官得以强调而言的；宗教是一种被运用于对上帝的知识的道德。如果不把宗教与道德性结合起来，宗教就纯然成为邀宠。唱诗、祈祷、去教堂应当只给予人改善的新力量、新勇气，或者是一颗被义务表象所振奋的心的表现。它们只是善功的准备，但本身还不是善功，人们只能通过成为一个更好的人来取悦最高的存在者，舍此别无他途。

人们必须首先从孩子自身具有的法则开始。人如果有恶习，则对他自己来说就是值得鄙视的。这是在他自己心中有根据的，他并非因为上帝禁止恶才是值得鄙视的。因为没有必要立法者

同时也是法则的始创者。所以，一个君侯可以在自己的国土上禁止偷窃，并不因此就可以被称为偷窃禁令的始创者。由此人就学会看出，惟有他的善行才使他配享幸福。神的法则必须同时表现为自然法则，因为它不是任意的。所以，宗教属于一切道德性。

但是，一定不要从神学开始。纯然建立在神学之上的宗教，绝不可能包含某种道德的东西。人们在它这里只是一方面有恐惧，另一方面有求取回报的意图和意念，而这就只是提供一种 9〔495〕
迷信的崇拜。因此，道德性必须先行，神学跟随其后，而这就叫做宗教。

我们心中的法则叫做良知。良知真正说来就是使我们的行动与这种法则吻合。如果人们不把良知设想为在我们之上架起其崇高席位，但也在我们心中架起一个法官席位的上帝的代表，良知的谴责就将没有效果。如果宗教不附加给道德良知，则它就没有效果。没有道德良知的宗教就是迷信的事奉。人们在例如赞美上帝，颂扬他的力量、他的智慧时，是想事奉上帝，没有想到要履行神的法则，甚至根本没有去了解他的力量、智慧等等并且探究它们。这些颂扬是这样一些人们的良知的一种鸦片，是其良知可以在上面安心睡大觉的软垫。

孩子们不能掌握所有的宗教概念，但尽管如此，人们必须教给他们一些宗教概念；只是这些宗教概念必须更多的是否定性的，而不是肯定性的。——让孩子们嘟嘟囔囔地诵读信式没有任何用处，只会造成对虔敬的一种颠倒的概念。对上帝的真正崇敬在于按照上帝的意志行动，而人们必须教给孩子们这样做。在孩子们那里，和在自己这里一样，人们必须注意不能常常滥用上帝的名称。如果人们在祈福时，哪怕是怀着虔诚的意图使用这一名称，也同样是一种滥用。上帝的概念应当使人在每次说出其名称时充满敬畏，因此人应当少用它，绝不可轻率。孩子必须学会感受对上帝的敬畏，作为对生命和整个世界之主的敬畏；其次作为对人类的护佑者的敬畏，最后第三点是作为对人类的法官的敬畏。据说，**牛顿**每当说出上帝的名称时，都要停顿一会儿，加以反思。

通过对上帝和义务概念的结合起来的澄清，孩子就学会更好地尊敬神对造物的护佑，并由此而避免如此经常在折磨小动物时表现出来的破坏和残忍倾向。同时，人们也应当指导年轻
9〔496〕人揭示恶中的善，例如猛兽、昆虫就是洁净和勤奋的榜样。恶的人激励人走向法则。捕捉蠕虫的鸟是园子的保护者，等等。

因此，人们必须教给孩子们一些关于最高存在者的概念，以便他们在看到别人祈祷等等的时候能够知道这是在向谁祈祷，以及为什么祈祷。但是，这些概念必须为数不多，而且如上所说，只是否定性的。不过，人们必须从幼年起就教给他们这些概念，但同时要注意，让他们不要按照人们的宗教教规来评价人们，因为尽管各宗教不同，却毕竟到处都有宗教的统一性。

※　　　※　　　※

作为结束，我们在这里还想作出一些说明，它们尤其应为年轻人在进入青春期时所遵循。在这个时期，青年人开始作出某些他此前不能作出的区分。也就是说，首先就是性的区别。自然在这里蒙上了某种神秘的面纱，就好像这件事是某种对人来说不完全体面的事情，仅仅是人里面的动物性需求似的。但

是，自然曾力求把这件事与所有种类的道德结合起来，哪怕这种道德只是可能的。① 甚至野蛮民族在这方面的行事也有某种羞耻和矜持。孩子们有时向成年人就此提出好奇的问题，例如孩子是从哪里来的。但是，当人们要么向他们作出毫无意义的无理回答，要么以“这是小孩子问题”的回答打发他们时，他们也很容易得到满足。

在青年人身上，这些偏好的发展是机械性的，它们的发展与所有的本能都是一样的，也不知道一个对象。因此，不可能让青年人在这里保持无知和与无知相结合的纯真。沉默只会使 9〔497〕
人让事情变得更糟糕。人们在我们先辈的教育上就看到这种情况。就近代的教育而言，人们正确地认定，必须直言不讳地、清晰明确地与青年人谈论这件事。这当然是一个须讲究策略的问题，因为人们并不乐意把它视为一种公开谈论的对象。不过，只要严肃认真地谈论它，并且理解其偏好，一切都会变好。②

13 岁或者 14 岁通常是青年人发展出对性的偏好的时刻（如

① **西塞罗**与此相关已经作出的说明很妙：Principio corporis nostri magnam natura ipsa videtur habuisse rationem：quae formam nostram reliquamque figuram，in qua esset species honesta，eam posuit in promptu：quae partes autem corporis，ad naturae necessitatem datae，adspectum essent deformem habiturae atque turpem，eas contexit atque abdidit. Hanc naturae tam diligentem fabricam imitata est hominum verecundia［在我们身体的原则上，自然显得有重大的安排：它把我们的体形和仪表堂堂的脸所在的其他体位露出来，却把身体的那些为自然需要而被赋予的、看起来形象丑陋不雅的部分聚在一起，遮盖起来。人的害羞就是在模仿自然的如此精心的设计］云云。我很乐意在这里抄下这整段妙言，但篇幅禁止我这样做，据此我不得不请每个人自己去查阅**《论责任》**，第 1 卷，第 35 节。——编者注

② 对此特别请参见**萨尔茨曼：《论年轻人的隐秘过错》***。——编者注

* 施内普芬塔尔，1785。——科学院版编者注

果它更早出现，则必定是孩子受到引诱和坏榜样的败坏)。这时他们的判断力也已经得到教化，而自然在这时也已经使他们预先做好了准备，能够与他们谈这件事了。

没有什么比那种指向自身的肉欲更削弱人的精神和肉体了，而且它完全违背人的自然。但即便是这种肉欲，人们也不必向年轻人隐瞒。必须向他阐明它的全部丑恶，告诉他，他由此将使自己对类的繁衍无用，身体的力量将由此遭到极度的破坏，他将由此而招致早衰，其精神将大受损害，等等。①

人们可以通过持续的忙碌、通过不给卧床睡觉超过必需的时间来规避这方面的诱惑。必须通过那些忙碌来把这方面的想法从意识中排除掉，因为哪怕对象只是停留在幻想中，它也毕竟在侵蚀着生命力。如果把自己的偏好指向异性，则人们毕竟还总是遇到一些阻抗，但如果把它指向自身，则人们随时都能满足它。生理效果是绝对有害的，但道德性方面的后果要远为严重。人们在这里逾越了自然的界限，而且偏好不受阻碍地蔓
9〔498〕延，因为没有发生实际的满足。已成年的年轻人的教师提出的问题是：是否允许一个年轻人与异性发生关系？二者必择其一的话，则后者当然要好一些。就前者而言，他的行动有悖自然，而就后者而言则不然。自然召唤他一旦成熟就成为男人，并因此而繁衍自己的物种；但人在一个文明国家中必然有的种种需求却使他尚未总是能够教育自己的孩子。因此，他在这里有违公民秩序。所以最好是年轻人等到自己能够正式结婚，这甚至也是义务。他在这时的行动就不仅像一个好人，而且像一个好

① 除了上面引用的书，请参见**迪索：《卡姆佩对整个学校体制和教育体制的修正》**。——编者注

公民。①

年轻人要尽早学会对异性心怀中规中矩的敬重，反过来通过无邪的行为赢得异性的敬重，并就这样来争取幸福婚姻的重奖。

年轻人在进入社会的时刻开始作出的第二个区分，在于对等级的差别和人的不平等的认识。作为孩子，根本不要让他注意到这些东西。甚至一次也不要允许他去支使佣人。如果他看到父母支使佣人，则顶多可以对他说："我们给他们面包，为此他们服从我们，你没有给他们面包，因此他们也可以不服从你"。只要父母不自己把这种妄念教给孩子们，他们对此也一无所知。必须对年轻人指出，人的不平等是在一个人力争获得对别人的优势时产生的一种安排。人在公民不平等中的平等意识可以逐渐地教给他。

一定要使年轻人注意，他要绝对地、而非依据他人来评价自己。在根本不构成人的价值的事情上高估别人，就是虚荣心作怪。此外，人们也必须向他指出在一切事情上要有良知，而 9〔499〕
且他也不要在这方面仅仅追求表现，而要确实如此。必须使他注意，他在自己深思熟虑有一个决定的时候，绝不要使它成为空洞的决定；必须宁可不做决定，让事情悬置；——注意对外部境遇知足，在工作中任劳任怨；sustine et abstine［忍耐并且克制］；——注意在娱乐中知足。如果有人不仅要求娱乐，而且也在工作时愿意任劳任怨，那么，他就成为共同体的一个有用

① 但是，就连感性偏好在异性那里的不明确满足也损害健康，激发想象力，干扰合目的的活动，并销蚀道德性。与此相反，年轻人和少女情窦未开的爱的纯洁意义保护着纯真，升华着灵魂，是改善的动力。

成员，而且避开了无聊。

此外，必须提示年轻人要轻松愉快和有好心情。心情的轻松愉快源自无所自责；——要心绪如一。人们可以通过锻炼来达到这一点，即总是能够使自己成为社交的愉快参与者。

要把许多东西总是视同义务。一个行动必然对我有价值，不是因为它合乎我的偏好，而是因为我由此履行了我的义务。

要对别人有仁爱之心，然后要有世界公民的胸怀。在我们的灵魂中有某种东西，即我们关切的是：1. 我们自己；2. 我们与之共同成长的别人；然后必须是 3. 还有对世界福祉的关切。必须让孩子们知道这种关切，以便他们使自己的灵魂热衷于此。他们必须对世界的福祉感到快乐，即使这不是他们的祖国的好处或者他们自己的收益。

要让他对生活愉悦的享受评价不高。这样一来，对死亡的幼稚恐惧就将消除。必须向年轻人指出，享受并不提供预期许诺的东西。

最后，要知道每天对自己做总结的必要性，以便在生命终结时，能够就自己生命的价值作出估价。

原文收入李秋零主编《康德著作全集》第 9 卷。

相关论述

1765—1766年冬季学期课程安排的通告

科学院版编者导言

库尔德·拉斯维茨（Kurd Lasswitz）

刊印：1. 哥尼斯贝格，约翰·雅各布·康特尔出版。

2. 《伊曼努尔·康德的一些迄今尚不为人知的短篇作品集》，弗里德里希·特奥多尔·林克编，56～70页，1800。

对青年人的所有传授，自身都带有这种麻烦，即人们被迫 2〔305〕
有意识地赶到岁月的前面，不等知性成熟，就应当传授这些按照自然的秩序只有一种更为纯熟的、尝试过的理性才能把握的认识。因此，就产生出各个学派的永恒成见，它们比通常的成见更为固执、经常也更为愚蠢；产生出年轻思想家们早熟的饶舌，它比别的任何一种自负都更为盲目，比无知还更为不可救药。尽管如此，这种麻烦依然是不能完全避免的，因为在一个备受粉饰的市民状态的时代里，更为敏锐的认识属于飞黄腾达的手段，成为按照本性本来只应当算做生活的点缀，仿佛是生活可有可无的美的需求。然而，即便是在这一领域，纵然不使授课与自然完全一致，但使它更多地顺应自然，毕竟是可能的。因为既然人类认识的自然进步是这样一种进步，即知性首先发展起来，知性通过经验达到直观的判断，并通过直观的判断达到概念，然后这些概念在与它们的根据和结果的关系中被理性所认识，最终在一个井然有序的整体中借助于科学被认识，那么，传授也应当遵循这同一条道路。因此，对一位教师来说所期待的，是把自己的听众首先培养成一个**知性的人**，然后再培养成一个**理性的人**，最后培养成**学者**。这样一种程序的好处是，
2〔306〕即使学生像通常发生的那样决达不到最后一个阶段，他也仍然通过传授而有所收获，即便不是对于学校来说，但是对于生活来说变得更为成熟、更为聪明。

如果人们把这一方法颠倒过来，那么，学生在其知性还没有发达之前，就沾染上一种理性，承受起借来的科学，这种科学仿佛是黏贴在他身上的，而不是在他那里生成的，这时他的心灵能力还像过去一样不能结出果实，但同时却由于智慧的幻觉而严重地败坏了。这就是为什么人们常常遇到很少表现出知性的学者（真正受过高等教育者）、为什么各个科学院向世上派遣的蠢汉多于公共事业的任何一个别的等级的原因。

因此，做事的规则是这样一种规则：首先产生知性，通过在经验判断中锻炼他、让他注意自己的感官经过比较的感受能够教给他的东西，来促进知性的增长。从这些判断或者概念到更高的、更生僻的判断或者概念，他不应当做任何大胆的飞跃，而是应当沿着循序渐进地引导他的较低级概念那自然的、经过平整的人行小道来达到它们；但是，这一切是遵照先行的练习在他里面必然无疑地形成的知性能力，而不是按照教师在自己身上感知到或者相信感知到、也在自己的听众身上错误地当做

前提条件的知性能力。简言之，他不应当学习**思想**，而应当学习**思维**；如果人们希望他将来应当会自己**走路**，那就不应当**背负**他，而应当**带领**他。

世俗智慧自己的本性要求这样一种教学方式。但既然世俗智慧本来只是成年人的一种活动，那么毫不奇怪，如果人们想让它迁就青年人尚不熟练的能力，就会产生各种困难。经历过学校传授的年轻人习惯于**学习**。此时他在想，他将**学习哲学**，但这是不可能的，因为他现在应当**学习哲学思维**。人们在本来的意义上能够**学习**的所有科学可以分为两类：**历史性**科学和**数学性**科学。属于前者的，除了真正的历史之外，还有对大自然的描绘、语言学、实证法，等等。既然在所有历史性的东西中是自己的经验或者外来的证词，而在数学性的东西中则是概念的显明性和证明的无误性，构成了某种事实上给定的、从而是 2〔307〕
储备起来的、仿佛是只能接受的东西，那么在这二者之中，学习就是可能的，也就是说，把能够作为一个已经完成的学科呈交给我们的东西，或者印入记忆，或者交给知性。因此，为了**学习**哲学，就必须首先有一种实际上现存的哲学。人们必须能够出示一本书并且说：你们看，这里就是智慧和可靠的认识；你们学着理解和领会它，今后也信赖它，这样你们就是哲学家了。直到人们向我出示这样一本世俗智慧的书，让我能够援引它，就像为了解释一种历史状况能够援引**波利比阿**，为了解释量的学说的一个定理能够援引**欧几里得**那样，我才可以说：如果人们不是扩展被托付的青年的知性能力，培养他们形成将来更为成熟的独立的认识，而是用一种假托已经完成的、由别人为他们想好了的世俗智慧来欺骗他们，由此产生出一种只是在某个位置上和某些人中间才被当真、而在其他所有地方都声名狼藉的幻象，那就是在滥用公共事业的信任。世俗智慧中特有的授课方法，如一些古人所说的那样，是**怀疑的**（ζητειν），也就是说，是**探究的**，只是在不同的部分中就已经熟练了的理性而言才是**教条的**，也就是说，是**决定了的**。人们在传授时当做基础的哲学作者，也不应当被视为判断的原型，而是应当仅仅被视为一种自己作出判断的动议，可以是作出关于他的判断，甚至是作出有悖于他的判断；而自己反思和推理的方法则是学生原本寻求其熟练技巧的东西，也惟有它才能是有用的，而同时获得的明确认识则必须被看做是它的偶然的结果，为了获得丰富的结果他就只能在自身中植下它能结果实的根。

如果把远远背离它的常见程序与它进行比较，那么，就可以理解通常令人诧异地映入眼帘的各种不同的东西。例如，为什么没有一种手艺的学问，其中可以发现像在哲学中那样多的大师，而既然他们中学习过历史、法学、数学等等的许多人谦虚地认为，尽管如此他们还学得不够，不足以再去教这些学科，
2〔308〕那么另一方面，为什么却罕有一个人，不应当非常认真地自负地认为，除了他其余的活动之外，如果他愿意掺和这样的小事的话，他也完全有可能讲授逻辑学、道德等等。原因在于，在那些科学中有一个共同的尺度，而在这门科学中却每一个人都有他自己的尺度。此外，人们将清楚地看到，由于对需求的虚妄和时尚的规律的顺应与哲学的本质属性相抵触，所以作为一门谋生的艺术，对于哲学来说是很反常的，而只有对它具有支配力量的生计所需，才能逼迫它顺从公众赞同的形式。

我在现今开始的半年中打算通过私人讲座讲授并充分探讨

的几门科学如下：

一、**形而上学**。我在一篇简短而且仓促写就的文章①中试图指出：这些科学之所以虽然有学者们的伟大努力却还是如此不完善和不可靠，乃是因为人们认错了他们的特有方法，这种方法不是像数学的方法那样是**综合的**，而是**分析的**。因此，简单的东西和普遍的东西在量的学说中也是最容易的东西，而在基础科学中却是最困难的东西，在前者中它按照本性必然最先出现，在后者中它却必然最后出现。在前者中人们以定义开始学说，在后者中人们却以定义结束学说；在其他方面还有许多诸如此类的东西。我自很长时间以来就在按照这一纲要工作，而由于沿着这条道路的每一步都向我揭示失误的源泉和判断的准绳，惟有凭借这一准绳，如果当时有可能避免这些失误的话就能够避免它们，所以我希望能够简明扼要地充分阐述为在上述科学中给我的讲授奠定基础而能够有助于我的东西。但到此为止，我可以通过一个小小的转弯，把我主要因为其教学方式的丰富和精确而选择其参考书的那位作者，即A.G.鲍姆嘉登，引入同一条道路。据此，我在一个简短的导论之后从**经验的心理** 2〔309〕
学开始，它本来就是关于**人**的形而上的经验科学；因为就灵魂这一表述而言，在这一部分还不允许断言人有一个灵魂。第二部分应当探讨**有形的自然**本身，它是从**宇宙论**探讨**物质**的核心部分借用来的，但尽管如此我还将通过一些书面的补充使其完善。既然在前一门科学（为了类比起见，也将经验的动物学，即对动物的考察，附加给它）中考虑了我们感知到的一切生命，

① 柏林王家科学院值1763年有奖征文之际出版的论文中的第二篇。*

* 参见《康德全集》，第Ⅱ卷，273～301页。——科学院版编者注

在第二门科学中考虑了一切无生命的东西，既然世上的一切事物都可以归入这两个类，我也就前进到本体论，即前进到关于一切事物更普遍的属性的科学，它的结尾包括**精神性**存在者和**物质性**存在者的区别，此外还有二者的结合或者分离，从而也就是**理性的心理学**。在这里，我从现在开始有重大的优势，不仅将已经熟练的听众引入所有哲学研究中最困难的研究，而且由于我就每一考察而言都在先行的学科交到我手中的具体的东西中衡量抽象的东西，所以也将一切都置于最大的清晰性之中，而不抢前行动，也就是说，不可为了解释而引证某种只是后面才应当出现的东西，这是综合的讲授常见的、不可避免的错误。最后是对一切事物的原因的考察，这就是关于上帝和世界的科学。我不得不再提到一种优势，它虽然只是建立在偶然的原因之上，但仍然不可小瞧，我打算从这一方法中把它引导出来。众所周知，课程的开头被活跃而又不稳定的年轻人们搞得多么紧张，而此后教室将逐渐地变得多么宽敞。如果我假定，不该发生的事情，尽管如此却不顾所有的回忆在将来还会一再发生，那么，上述教学方式就获得了其特有的实用性。因为听众的热情在经验的心理学将结束时就已经蒸发了（就这样一种教学方式来说，这几乎是不可猜测的），尽管如此，听众还是听到了某种由于其通俗易懂而对他来说可领会的、由于令人感兴趣而可
2〔310〕接受的、以及由于频繁的运用场合而在生活中可利用的东西；这里恰恰相反，如果本体论这门难以领会的科学把他吓退而不敢继续，那么，他可能已经把握住了的东西，对他今后来说却可能没有丝毫用处。

二、**逻辑学**。这门科学本来有两个类别。二者中的第一个类别是**健康知性**的一种批判和规定，以及它一方面与粗略的概

念和无知、而另一方面与科学和学问毗邻。这样一种方式的逻辑学是人们在所有哲学的学术传授的开端都应当先派上阵的，就仿佛是想从成见与失误之乡转到更开明的理性和科学的领域的学生所必须执行的检疫隔离（假使允许我如此表述的话）。第二个类别的逻辑学是**真正的学问**的一种批判和规定，它就是各门科学的工具，只能在各门科学之后来探讨，以便人们在练习时所使用的方法更合规则，学科的本性连同其改善的手段也被认识到。以这样的方式，我在形而上学的结尾附上了一个关于它的特有方法的考察；作为这门科学的工具，在这门科学开始时尚不能处在自己正确的位置上，因为如果手中还没有让人能够具体地展示它的实例，要弄清它的规则是不可能的。当然，教师必须在讲授科学之前就掌握了工具，以便他自己照此行事，但他只能在最后才把它讲给听众。因此，整个世俗智慧的批判和规定，作为一个整体，即这门完备的逻辑学，只可以在整个哲学的结尾才可以拥有它就传授而言的位置，因为惟有已经获得的哲学知识和人类见解的历史，才使得有可能不仅对其认识的起源作出考察，而且草拟出持久而且合规则地修建这样一座理性建筑物所应当遵循的详细蓝图。

我将讲授第一个类别的逻辑学，并且按照迈耶尔教授先生的手册；因为这位先生清楚地看到现在所说的这些意图的界限，同时促使人们除了更精致和博学的理性的文化之外，还理解虽 2〔311〕
然平庸但却是行动的、健康的知性的教育，前者是为了观察的生活，后者则是为了行动的、市民的生活。在这里，同时材料上非常接近的渊源关系也提供了在理性批判的时候也关注一些**鉴赏力批判**即美学的机会，其中一方的规则在任何时候都有助于阐明另一方的规则，而它们的区分也是更好地理解二者的手段。

三、**伦理学**。道德的世俗智慧具有这种特殊的命运，即它比形而上学还要早就得到了科学的外观和缜密的声誉，尽管这二者在它那里连一个也遇不到；原因在于：行动中善与恶的区分和关于道德上合法性的判断，直接地、无须绕道借助人们称之为感情的东西证明人的心灵，就能够轻而易举地并且正确地认识到；由于问题绝大多数情况下在找到理性根据之前就已经得到裁定，而在形而上学中就不是这个样子，所以毫不奇怪，让只有一些出色外观的根据作为适用的而通行无阻，人们并不认为这特别地困难。因此，再也没有比一个道德哲学家的头衔更平常的了，再也没有比配享这样一个名称更罕见的了。

现在，我将按照鲍姆嘉登来讲授**一般的实践世俗智慧和德性学说**这二者。莎夫茨伯利、哈奇森和休谟的尝试虽然是未完成和有缺陷的，但仍然在探索所有道德的最初根据方面走得最远，它们将获得自己所缺乏的那种精确性和补充；由于在德性学说中，任何时候我都将在指出**应当发生**的事情之前以历史的和哲学的方式思考所**发生**的事情，所以我将阐明人们研究**人**所必须遵循的方法：不仅是被他的偶然状态加给他的可变形态所歪曲的、作为这样一个人被哲学家们几乎在任何时候都认错的人；而且是人的常驻不变的**本性**，以及它在创造中的地位，以
2 〔312〕 便人们知道，对他来说什么完善性在**原始的**淳朴中是合适的，什么完善性在**睿智的**淳朴中是合适的，以及与此相反，如果他力图通过走出两种界限而触及自然的或者道德的杰出性，但却或多或少地偏离了这两者，则什么将是他的行事方式的规定。道德研究的这种方法是我们时代的一个美好发现，而且就其完整的规划来看，它对古人来说是完全未知的。

四、**自然地理学**。由于我在自己的学术传授一开始就认识到：年轻人学习的一个重大疏忽在于，他们早早地学习**理性思维**，却并不拥有能够代表**博学**地位的足够历史知识，所以我考虑将地球现今状态的历史学或者广义上的地理学，变成能够使他们为一种实践理性作好准备、并有助于激起一再扩展在其中肇端的认识之兴趣的那种东西的一个适意的、轻松的总体。我根据当时我最主要关注的那个部分把这样一个学科称之为自然地理学。自那时以来，我逐渐地扩展了这一纲要，而现在我打算通过更进一步压缩涉及地球上奇异现象的那个部分，来赢得时间把讲授继续扩展到该部分其他更具有公益性的成分。因此，这一学科将是一门**自然的、道德的和政治的**地理学，其中首先通过它的三个领域展示大自然的奇异现象，但在无数奇异现象中，将拣选那些由于其罕见性的魅力、或者也由于它们借助工商业对各国的影响而首先呈现给普遍的求知欲的奇异现象。这个同时包含着所有陆地与海洋的自然关系及其联系的根据的部分，是所有历史的真正基础，没有这一基础，历史与童话就少有区别。**第二个**部分考察**人**，按照人的自然属性的多种多样性和人身上属于道德的东西在整个地球上的差异；这是一个非常重要而又同样刺激的考察，没有它，人们就难以对人作出普遍的判断，而且在这里，相互之间进行的以及与古老时代的道德状况进行的比较将为我们展现一幅人类的大地图。**最后**，可以 2〔313〕
被视为前面讲述的两种力量相互作用的一个结果的东西，即地球上**各国**和各民族的状况将得到考虑，不仅仅是按照它建立在诸如统治序列、占领或者国家阴谋等单个人的活动和命运的偶然原因之上的样子，而且与持久的东西相联系，包含着它们遥远的根据，即它们的陆地位置、出产、风俗、行业、行为和居民。甚至，如果我应当如此称谓的话，按照一种较小的尺度来更新一门具有如此广阔前景的科学，也具有重大的益处，因为只有这样才能达到认识的那种所有知识都是其片断的统一。难道我不可以在一个像如今这样的交往频繁的世纪里，把大量多种多样适意的、有教益的、轻松易懂的知识为支持交际而提供的知识储备，也列入对于科学来说拥有它并不算是丢脸的益处吗？至少对于一位学者来说，发现自己经常处在演说家**伊索克拉底**①所处的那种尴尬境地，并不是一件惬意的事情；当人们在一次聚会上鼓励伊索克拉底倒是说点什么的时候，他不得不说道：**我知道的不合适，合适的我又不知道。**

这就是我在已开始的半年献身学术的活动的简要通告，我之所以认为它是必要的，乃是为了人们对我现在认为作出一些变化大有裨益的教学方式能够形成一些概念。Mihi sic usus est：Tibi ut opus facto est，face. Terentius［对我来说如此必需的是：像你必须做的那样去做吧。——太伦斯］②。

原文收入李秋零主编《康德著作全集》第 2 卷，作于 1765 年。

① 《伊索克拉底》，本泽勒和布拉斯编，第Ⅱ卷，276 页。——科学院版编者注

② 引文出自太伦斯：《自我惩罚者》，80 行。——科学院版编者注

有关博爱学院的文章

科学院版编者导言

保罗·门采尔（Paul Menzer）

1

两篇文章的第一篇匿名于1776年3月28日发表在《哥尼斯贝格学术和政治报》。康德的作者身份由他的亲笔草稿来保证[①]，R.雷克友好地允许编者利用这个草稿。

文章最初是借着在雷克1860年的《康德学述》中（70～72页）的重印而又为人知的。

2

第二篇文章署名K.，于1777年3月27日发表在同一报纸上。起因大概在于卡姆佩向康德报告的博爱学院的财政困难。[②]康德的作者身份由文章被刊登在《教育学论坛》上（J.B.巴泽

① 也请参见康德于1778年3月28日致Chr. H. 沃尔克的信的附言："您的学院在此地已经开始引起人们的关注，随信寄去的报纸可以为此提供一个小小的佐证。"

② 参见《康德全集》，第X卷，187［201］页。

多和J. H. 卡姆佩编，296～301页，1777）的导言来保证[①]："同样值得注意和可敬的是著名的康德教授先生建立在不偏不倚和对我们的目的的认识之上的推荐，它包含在《哥尼斯贝格学术和政治报》的第25期中。"这次在文章下面署的是康德的全名。

一个新版出现在卡尔·冯·劳默：《教育学的历史》，第Ⅱ卷，269～272页，斯图加特，1843以下。这篇文章更广泛地为人所知只是通过雷克的《康德学述》（72～76页）。[②]

2〔447〕

一、德绍 1776

《博爱学院档案》[③]，由结成同盟的青年之友们告人性的监护人，特别是告那些开始进行教育改革的监护

① 也请参见康德于1777年3月22日致F. W. 雷格的信："至于《教育学论坛》的预购事宜，下个星期四在康特尔的报纸上可以看到一篇这方面的鼓励，同时是一个广告，即应当如何进行预购和订阅。"

② 这里且不谈由雷克归给康德的1778年8月24日（该书76～81页）第三篇文章的刊印。哈滕施泰因就已经以如下的话（其所编《康德全集》，第Ⅱ卷，Ⅺ页）对康德的作者身份表示怀疑："且不说关于一个教育学细节有点啰嗦地展开的内容，特别是在结尾不言而喻地引入博爱学院所用的措辞对我来说太装腔作势了。"然后，哈滕施泰因试图指出康德与1778年7月29日致W. 克里希顿的信来说明作者有可能是此人。那里说的是："从附件中，至堪敬慕的阁下将看出：他们在给我寄来近几期的《教育学论坛》供散发之后，还期望我能够重新鼓励公众，不仅要继续订阅，而且一般而言要热爱和支持学院。我也衷心地乐意并准备这样做。但是我认为，如果至堪敬慕的阁下特别愿意接手这件事，愿意为了这件事而利用您的名望和文笔，影响就会大得多。"（《康德全集》，第Ⅹ卷，218［234～235］页）哈滕施泰因的观点通过康德与1778年8月4日致克里斯蒂安·海因里希·沃尔克的信得到了一种新的支持。这封信说到："我把迄今为止订阅杂志的人的名单，以及您请我今后通过公告、募集和其他活动方式推进您的事务的委托，都转交给了宫廷布道人克里希顿博士，他很高兴地接受了这些事务。"（《康德全集》，第Ⅹ卷，221［238］页）这样就得出，康德极不可能是作者，但克里希顿却很有可能。就连雷克也不再主张康德是作者。

③ 《档案》在1776年出版3期。——科学院版编者注

人，并告要将孩子送到德绍博爱学院[①]第一期的那些父母。

除了在**巴泽多**先生这里所发生的事情之外，还从未有人对人性提出过更公正的要求，也从未有人无私地为此奉献过一种如此巨大并且能够拓展自身的利益；他与自己那些值得赞扬的助手们一起郑重地献身于人的福利和改善。能干的人和笨拙的人历经数个世纪所苦苦冥想、但没有一位独特的、具有洞察力且精力充沛的人物那火热而又持久的激情就会历经同样多的世纪依然停留在虔诚愿望的母腹之中的东西，即真正的、既适合自然又适合所有公民目的的教育机构，如今已经现实地存在，其效果出人意料地迅捷；它请求外来的赞助，只不过是为了如它现在的存在那样扩大自己，将自己的种子播撒到别的土地上去，并使自己的族类永存。因为在这里，那只不过是蕴藏在人性之中的自然禀赋之发展的东西，与普遍的母亲本性是同一种性质，即不让自己的种子消耗殆尽，而是让它们复制自己，并保存自己的族类。每一个公共机构、每一个单独的公民，都对结识一个人类事物的一种崭新秩序由以开始的机构极为重视（关于这一机构，人们可以在这期《档案》以及在巴泽多的作品《世界主义者必读……》[②] 中得知），而且这一机构如果迅速地传 2〔448〕

① 关于康德与博爱学院的关系，参见第 98～100［109～111］、103［114］、107［118］、109［121］、110［122］、118［130］、123［136］、125［138］、129［142］封信。

② 书名更为精确的是：《世界主义者必读、必思、必行的某种东西。鉴于一个在安哈尔特-德绍建立的博爱学院或者全新的、据说已经古老的方式的教育学院：一个致父母们、致大学生们、致实际上相信美好事业的必要性的人们、致贫困的适于教育的天才们的行善者们、致可以使自己的君侯认识某种不同于财政和民兵的事情的政治家们的动议，由德绍博爱学院的关照者约翰·贝尔纳德·巴泽多至少为引起一些讨论所提出或者重申》，莱比锡，1775。——科学院版编者注

播开来，就必定既在私人生活中也在公民机构中造成一种人们惊鸿一瞥不易想象的那样巨大和影响深远的改革。为此起见，无论多么艰辛都精心地照料、保护这棵尚嫌稚嫩的幼芽，或者至少不断地把它托付给将行善的能力与一种善良意志结合起来的人们，这也是任何博爱主义者的真正天职；因为如果它就像成功的开端使人希望的那样有朝一日得到完全的发展，那么，它的果实就会惠及天下，直至子孙后代，永无绝期。就此目的而言，5月13日①是一个重要的日子。在这一天，这位对自己的事业毫不怀疑的人物邀请邻近城市和大学的最博学、最富有洞察力的人士们，来**观察**他们很难仅仅听讲述就会被打动而**相信**的东西。善举一旦被看到，就具有一种不可抗拒的力量。人类卓有功勋的、值得信赖的代表们（我们期望有一大批来赴会）的声音必定会激起欧洲人对与他们如此密切相关的事情的注意，并打动他们来积极地参与一个如此具有公益性的机构。现在，必定已经使每一位博爱主义者感到极大愉悦并对仿效一个如此高贵的实例充满热烈希望的，是（就像下一期报纸②将报道的那样）博爱学院由于一笔来自高贵人士的可观赞助③而就其存续来说得到了保障。在这样的情况下毋庸置疑的还有：不要从四面八方匆匆涌来许多寄宿生，以便在这个机构里确保也许很快就会缺乏的位置；但那些殷切地期望这一善举迅速传播的人们最为关心的事情，即把合适的候选人送到德绍，以便按照博爱学院的教育方式学习和锻炼，这种在短期内使到处都拥有好的学校的惟一方法，似乎

① 在这一天和后面的两天，举行了巴泽多在《档案》第1期所邀请的对博爱学院学生们的一次公开考试。——科学院版编者注

② 在《哥尼斯贝格报》1776年3月25日的一期上。——科学院版编者注

③ 指的是安哈尔特-德绍的莱奥波德·弗里德里希·弗兰茨侯爵的馈赠。——科学院版编者注

首先需要富有的资助者们毫不迟疑的关注和慷慨的赞助。但愿这一愿望不久就可以得到实现。值得向所有无论是私人授课还是公共授课的教师们推荐的是：使用巴泽多的作品和由他编纂的教科书，既用于自己的授课，也将后者用于被托付给他们的年
轻人的练习，并由此就目前能够做到的那样，使自己的传授现 2〔449〕
在就已经是博爱学院式的。在康特尔书店定价 15 格罗森。

二、致公共机构

在欧洲各文明国家里，并不缺少教育机构，也不缺少教师们在这方面为每一个人效劳的善意勤奋，但尽管如此，如今可以清晰地证明的是，它们都在最初的式样中就败坏了，由于在这里面一切都违背自然，所以远远不是从人里面造就出大自然已经提供了禀赋的善，而由于我们只是通过培训来使动物性的造物成为人的，所以如果明智地从自然本身出发进行教育，而不是奴性十足地模仿原始的无知时代的陈旧习惯的那种教育方式普遍被采用，那么，我们不久就可以在我们周围看到完全不同的人。

但是，期待逐渐的教育改革来对人类进行这种救治是徒劳的。要从它们里面产生某种好的结果，就必须对它们进行改造，因为它们就其原初的安排来说就是有缺陷的，甚至它们的教师们也必须接受一种新的培训。不是一种缓慢的改良、而是一种迅速的革命才能造成这种结果。为此，除了一个按照真正的方法从根本上重新整顿的、由开明的人士们不是以挣工资的热情而是以高贵的热情为之工作的、在其向完善进步期间由各国专家们全神贯注的眼睛观察和评判的、但还由所有博爱主义

者的联合贡献所支持和赞助的学校之外，不再需要别的什么东西。

这样一个学校不仅对于它所教育的人们来说，而且更为重
要得多的是，通过它所提供的机会逐渐地大批量在它这里按照
2〔450〕真正的教育方法将被培训成为教师的人们，会成为一颗谷种，
通过对它的精心照料，不久就能够成长起一大批受过良好训练
的教师，他们很快就会凭借良好的学校布满全国。

所有国家的公共机构的努力应当首先集中在到处都为这样一种样板学校提供帮助，使它很快就臻于完善，它在自身中已经包含着这种完善的源泉了。因为它的安排和规划会立即在其他国家被仿效，而将成为第一个完备的实例和良好教育的滋生地的它自身，却处在匮乏和向完善进步的阻力之中，这恰恰只能意味着：面临成熟还要播种，事后收获的是杂草。

这样一种教育机构如今不再仅仅是一个美好的观念，而是以对长期憧憬的东西的可行性的显著证明，表现在积极而又显著的证明中。毫无疑问，这是我们时代的一种虽然被平凡的眼睛所忽视、但对于每一个明智且又参与人类福祉的观察者来说又比大千世界每一时刻都会变化的舞台上炫目的废物更为重要得多的现象；后者即便不使人类的福祉开倒车，也不会使它前进一丝一毫。

来自不同国家的认真而又富有洞察力的专家们的公开呼吁、尤其是他们统一的声音将使这份报纸的读者们已经认识到，这家**德绍教育学院**（博爱学院）是惟一具有这种杰出性特征的机构；其中并非微不足道的杰出性之一就是：它按照自己的安排必定自然而然地摆脱所有开始时还带有的弊病。针对它而在这里或者那

里出现的攻击和偶尔的谤文（其中的一篇，即曼格尔斯多夫①的谤文，最近由巴泽多先生以特有的正直的尊严予以答复）是吹毛求疵和站在自己的垃圾堆上为自己辩护的旧传统的如此一贯的伎俩，以至于这种在任何时候都要对所有预示着优秀和高贵的东西投以恶毒目光的人，其不动声色的冷漠反倒必定会引起一些人怀疑这一出众的善举平庸无奇了。

如今，为这家献身于人类、从而献身于每一个世界公民的 2〔451〕
参与的机构提供一些帮助（这种帮助单看微不足道，但却能集腋成裘）的机会已经呈现出来。如果人们想尽力施展自己发明创造的力量，来设想出能够借助微薄的贡献促成尽可能大的、最持久的、普遍的善的机会，那么，它必定就是善自身的种子能够被照料、被滋养，以便它随着时间而传播、而永恒的机会。

根据我们对我们的公共机构大量善意的人们所形成的这些概念和好评，我们谨就这份学术性的、政治性的报纸的第21期②连同副刊，期盼着有众多的人士预订，期盼着宗教界和教育界的所有先生们，期盼着不可能对有助于更好地教育自己孩子的东西无动于衷的父母们，甚至期盼着那些虽然没有孩子、但过去却作为孩子享受过教育、并正因为如此而认识到即便不为繁育人至少也为教育人贡献自己力量的义务的人士们。

---

① 曼格尔斯多夫（Karl Ehregott Mangelsdorf，1748年生于德绍，1770年获硕士学位，直到1777年任博爱学院教师，1782年任哥尼斯贝格雄辩术和历史教授，1802年卒于哥尼斯贝格。曼格尔斯多夫在1777年撰写了《事关丹麦王家教授巴泽多而致公众的第一句话》（莱比锡）。对于学院以《事关曼格尔斯多夫对德绍教育学院和巴泽多教授的谤文而致公众》（德绍，1777）予以回答。曼格尔斯多夫在同年写了《第二句话》。——科学院版编者注

② 该期是1777年3月13日，发行刊登了“一份应当以下一个复活节季为开端的月刊的广告”。它的署名为“德绍教育学院”，多次成为康德的阐述的样品。——科学院版编者注

这份由德绍教育学院发行的名为《教育学论坛》① 的月刊，预订价为我们货币的2帝国塔勒10格罗森。但是，由于印张数目尚未确定，年底可能会要求补交，所以，也许最好是（不过却是听凭每一个人任意决定的）以预订的方式贡献1杜卡特来促进这项事业，届时如有要求，自应如数退还余款。因为这家学院希望，在所有的国家里都有许多思想高贵的人士，会乐意抓住这样一个机会，来借此在预订金之上再附加一份自愿的小礼物，对支持接近自己的完善、但由于等待赞助却偶尔难以为继的学院作出贡献。因为就像高等教会监理会监理毕兴②先生所说的（《新地图与地理学、统计学和历史学新书和作品每周报道》，1776年度，第16期），各国政府现在似乎没有钱来进行教
2〔452〕 育改革，所以，要使教育改革不致落空，就要看富有的私人们用慷慨的赞助来促进这一如此重要的公共事业了。

本地预订在康德教授先生处上午10点至下午1点、在康特尔书店随时恭候，出具预订单。

原文收入李秋零主编《康德著作全集》第2卷，作于1776—1777年。

---

① 由J.B.巴泽多和J.H.卡姆佩编，德绍，1777—1779。——科学院版编者注

② 毕兴（Anton Friedrich Büsching，1724—1793），高等教会监理会监理和柏林方济各会修道院文科中学校长，编有《新地图与地理学、统计学和历史学新书和作品每周报道》，1773—1787。参见下文所说的131页。——科学院版编者注

回答这个问题：什么是启蒙？

科学院版编者导言

海因里希·迈埃尔（Heinrich Maier）

在1784年的《柏林月刊》9月号（第9期，第4卷，193～200页）上，门德尔松发表了一篇论文《论这个问题：什么叫做启蒙?》。眼前这篇文章探讨同一主题，发表在同一杂志的12月号（1784，第12期）上。此外，康德在写这篇文章时尚未知道门德尔松的作品，结尾处附上的批注（42页）指明了这一点。

刊印：

1.《柏林月刊》，第Ⅳ卷，481～494页，1784。

2.《伊·康德短文集》，34～50页，诺伊维德，1793。

3.《伊·康德散落文章集》，25～37页，法兰克福和莱比锡，1793。

4.《伊·康德短文全集》，哥尼斯贝格和莱比锡（实际上是福格特在耶拿），1797—1798，第Ⅲ卷，159～172页。

5.《伊·康德杂文集》，蒂夫特隆克编，第2卷，687～700页，哈勒，1799。

8〔35〕 **启蒙就是人从他咎由自取的受监护状态走出。受监护状态**就是没有他人的指导就不能使用自己的理智的状态。如果这种受监护状态的原因不在于缺乏理智，而在于缺乏无须他人指导而使用自己的理智的决心和勇气，则它就是**咎由自取的**。因此，Sapere aude［要敢于认识］①！要有勇气使用你自己的理智！这就是启蒙的格言。

为什么有这么大一部分人，在自然早就使他们免除外来的指导（naturaliter maiorennes［自然方面的成年人］）之后，仍然乐意终生保持受监护状态？为什么另外一些人如此容易自命为他们的监护者？其原因就是懒惰和怯懦。受监护状态是如此舒适。如果我有一本书代替我拥有理智，有一位牧师代替我拥有良知，有一位医生代替我评判饮食起居，如此等等，那么，我就甚至不需要自己操劳。只要我能够付账，我就没有必要去思维；其他人会代替我承担这种费劲的工作。绝大部分人（其中有全体女性）除了由于迈向成年是艰辛的之外，也认为它是很危险的；那些监护人已经在为此操心，他们极好心地担负起对这些人的指挥之责。他们首先使自己的家畜变得愚蠢，小心翼翼地提防这些安静的造物胆敢从他们将其关入其中的学步车跨出一步，然后向这些家畜指出如果试图独自行走它们就会面临
8〔36〕 的危险。这种危险固然并不那么大，因为在摔几次跤之后，它们会最终学会走路的；然而，这一类的例子毕竟造成胆怯，并

① 贺拉斯：《书札》，Ⅰ，2，40。——科学院版编者注

且通常吓阻一切进一步的尝试。

因此，对于每一个人来说，都难以挣脱几乎已经成为其本性的受监护状态。他甚至喜欢上了受监护状态，而且眼下确实没有能力使用自己的理智，因为人们从来没有让他做这样的尝试。章程和公式，这些理性地运用或者毋宁说误用其天赋的机械性工具，是一种持续的受监护状态的脚镣。无论谁甩脱这脚镣，都仍然会即便跳过极窄的沟，也是没有把握的一跃，因为他还不习惯这样的自由运动。因此，只有少数人得以通过其自己的精神修养挣脱受监护状态，并仍然走得信心十足。

但是，公众给自己启蒙，这更为可能；甚至，只要让公众有自由，这几乎是不可避免的。因为在这里，甚至在广大群众的那些被指定的监护人中间，也总是有一些自己思维的人，他们在自己甩脱了受监护状态的桎梏之后，将在自己周围传播一种理性地尊重每个人的独特价值和自己思维的天职的精神。在这方面特别的是：之前被他们置于这种桎梏之中的公众，之后在其一些自己没有能力进行任何启蒙的监护人的煽动下，却强迫他们留在桎梏之下；培植成见是非常有害的，因为成见最终也将使它们的制造者或者继承者自食其果。因此，公众只能逐渐地达到启蒙。通过一场革命，也许将摆脱个人的独裁和利欲熏心的或者惟重权势的压迫，但却绝不会实现思维方式的真正改革；而是无论新的成见还是旧的成见都成为无思想的广大群众的学步带。

但是，这种启蒙所需要的无非是**自由**；确切地说，是在一切只要能够叫做自由的东西中最无害的自由，亦即在一切事物中**公开地运用**自己的理性的自由。但现在，我听到四面八方都

8〔37〕在喊：**不要理性思考**！军官说：不要理性思考，而要训练！税务官在说：不要理性思考，而要纳税！神职人员在说：不要理性思考，而要信仰！（世界上只有一位君主说：**理性思考吧**，思考多少、思考什么都行；**但是要服从**！）这里到处都是对自由的限制。但是，什么样的限制有碍启蒙呢？什么样的限制无碍启蒙甚至有助于启蒙呢？——我的回答是：对其理性的**公开**运用必须在任何时候都是自由的，而且惟有这种使用能够在人们中间实现启蒙；但是，对理性的**私人运用**往往可以严加限制，毕竟不会因此而特别妨碍启蒙的进步。但是，我把对其理性的公开运用理解为某人**作为学者**在**读者世界**的全体公众面前所作的那种运用。至于他在某个委托给他的**公民**岗位或者职位上对其理性可以作出的那种运用，我称之为私人运用。于是，好多涉及共同体利益的事务秩序有某种机制，凭借这种机制，共同体的一些成员必须纯然被动地行事，以便政府通过一种人为的协调来使他们为公共的目的服务，或者至少使他们不破坏这些目的。在这里，当然不能允许理性思考，而是必须服从。但是，如果机器的这个部分同时把自己视为整个共同体的成员，甚至视为世界公民社会的成员，因而具有一个通过著作来面向真正意义上的公众的学者的身份，那么，他当然能够理性思考，由此并不会损害他部分地作为被动成员所从事的事务。这样，如果一位军官被其长官命令做某件事，他在值勤时要对这个命令的合目的性或者有用性大声挑剔，这就会十分有害；他必须服从。但是，按理不能阻止他作为学者对军务中的错误作出评论，并把这些评论交给公众去评判。公民不能拒绝缴纳向其征收的捐税；甚至如果这样的义务是他应当履行的，那么对这样的义务的滥加指摘就可以当做一种丑行（它可能引起普遍的违法）

来加以惩罚。尽管如此，同一位公民如果作为学者公开地表达自己的思想，反对这样一些捐税的不适当或者甚至不义，则他的行动并不违背一位公民的义务。同样，一位神职人员有责任按照他所服务的教会的信条对其教义问答课程的学生和教区信众宣讲；因为他就是按照这个条件被录用的。但是，他作为学者有充分的自由甚至天职，把他经过谨慎检验的、善意的关于那种信条中有错之处的所有想法，以及关于更好地安排宗教事务和教会事务的建议告诉民众。在此，这也不是什么能够归咎于他的良知的事情。因为他把自己依据其职务作为教会代理人所教导的东西，设想为他没有自由的权力按照自己的想法去教导，而是他被聘用来按照规定并且以另一个人的名义去宣讲的某种东西。他将会说：我们的教会教导这或者那；这就是教会所使用的证据。在这种情况下，他从规章中为自己的教区信众谋取一切实际的好处，他自己却会并非深信不疑地赞同这些规章，尽管如此仍能够自告奋勇地去阐述它们，因为其中并非完全不可能隐含着真理，但无论如何，至少其中毕竟没有任何与内在宗教相矛盾的东西。因为如果他相信在其中发现与内在宗教相矛盾的东西，那么，他就会不能凭良知来履行自己的职务；他会必须放弃良知。因此，一位被聘用的教师在自己的教区信众面前运用自己的理性，纯然是一种**私人运用**：因为这些信众即便人数众多，也始终只不过是一种内部的聚会；而且就此而言，他作为教士并不是自由的，也不可以是自由的，因为他是在履行一项外来的委托。与此相反，作为通过著作对真正的公众亦即世界说话的学者，神职人员在**公开运用**自己的理性时享有一种不受限制的自由，去使用他自己的理性，并且以他自己的人格说话。因为人民（在宗教事务中）的监护者自己又应当 8〔38〕

是受监护的，这是一件荒唐的事情，其结果是使种种荒唐的事情永恒化。

但是，难道不是一个神职人员的团体，例如一个教会会议，或者一个值得尊敬的 Classis [长老监督会]（如其在荷兰人中间自称的），应当有权以誓约的方式在自己内部对某个不变的信条承担义务，以便这样对其每一个成员，并借此对人民行使一种
8 〔39〕 不断的最高监护，甚至使这种监护永恒化吗？我要说：这是完全不可能的。这样一个为永远阻止人类的一切进一步的启蒙而缔结的契约，是绝对无效的，即便它由最高的权力、由帝国议会和最隆重的和约来批准。一个时代不能联合起来，共谋将下一个时代置于一种状态，使其必然不可能扩展自己的知识（尤其是十分迫切需要的知识），涤除错误，并且一般来说在启蒙上继续进步。这会是一种违背人的本性的犯罪，人的本性的原初规定恰恰在于这种进步；因此，后代完全有权把那些决议当做以未经授权的和犯罪的方式作出的，而抵制它们。关于一国人民，能够通过决议产生出来作为法律的一切，其试金石在于如下问题：一国人民是否能够让自己承担这样一种法律呢？现在，仿佛是在期待一种更好的法律，这在一段确定的短时间内是可能的，目的是引进某种秩序：因为人们同时允许每一位公民，特别是神职人员，以一位学者的身份公开地，亦即通过著作对当前制度的缺陷作出自己的评论，而采用的秩序还一直延续下去，直到对这些事情的性状的洞识公开达到如此程度并得到证实，以至于它能够通过其声音（尽管不是所有声音）的联合而为君主提出一项建议，以便保护那些例如按照自己对更好的洞识的概念而同意变更宗教制度的教区信众，而又毕竟不妨碍那些想守旧的教区信众。但是，哪怕是在一个人的一生之内，同

意一种持久的、不容任何人公开怀疑的宗教宪章，并且由此而在人类向着改善的进程中仿佛消除一段时间，使它徒劳无功，甚至由此而遗祸后代，这是绝对不允许的。一个人虽然能够对他个人，而且在这种情况下也只是在若干时间里，在他应该知道的东西上推迟启蒙；但放弃启蒙，无论是对他个人，甚或是对于后代，都叫做侵犯和践踏人的神圣权利。但是，一国人民根本不可以对自己作出决定的事情，一个君主就更不可以对人 8〔40〕
民作出决定了；因为他的立法威望正是基于，他把整个人民的意志统一在他自己的意志中。如果他只是关注让一切真正的或者自以为的改善与公民秩序共存，那么，他就能够让他的臣民们除此之外只是自己去做他们为了自己的灵魂得救而认为必须做的事情；这种事情与他无关，但要提防一个人用暴力阻碍别人尽自己的全部能力去规定和促进这种事情。如果他由于认为他的臣民们用来试图澄清自己的洞识的著作应当受到他的政府监督而插手此事，不仅他从自己的最高洞识出发来这样做，为自己招致 Caesar non est supra grammaticos〔恺撒并不比语法学家更高明〕的指责，而且更甚者，他把自己的至上权力降低到如此程度，在他的国家里支持一些暴虐者的宗教专制来对付其余的臣民，那么，这甚至有损他的威严。

如果现在有人问：我们目前是生活在一个**已启蒙的**时代吗？那么回答就是：不是！但却是生活在一个**启蒙的**时代。说人们如目前的情况，在整体上来看，已经处在或者哪怕只是能够被置于在宗教事务中无须他人的指导而自信妥善地使用自己的理智的水平上，还相差甚远。然而，现在毕竟为人们敞开了自由地朝此努力的领域，而且普遍启蒙或者走出人们咎由自取的受监护状态的障碍逐渐减少，对此我们却毕竟有清晰的迹象。就这方面来说，这个时代是启蒙的时代，是**弗里德里希**世纪。

一位君主，如果他认为，说他把在宗教事务中不给人们规定任何东西，而是让人们在这方面有充分的自由，这并不有失其身份，因此他甚至自动拒绝**宽容**这个高傲自大的名称，那他自己就是已启蒙的，而且作为至少在政府方面首先使人类摆脱受监护状态并任由每个人在一切涉及良知的事情上使用自己的理性的君主，他理当受到心怀感激的世界和后世的颂扬。在他
8〔41〕治下，值得尊敬的神职人员尽管有其职责，仍可以以学者的身份自由地和公开地向世界阐述他们在这里或者那里偏离已被采纳的信条的判断和洞识，以供检验；而其他每个不受职责限制的人就更是这样了。这种自由精神也向外传播，甚至是在它必须与一个误解自身的政府的外在障碍进行斗争的地方。因为对于这个政府来说毕竟闪现着一个榜样，在自由时不必对公共的安定团结有丝毫的担忧。人们在自动地逐渐挣脱粗野状态，只要不是有人蓄意想方设法把他们保持在这种状态之中。

我把启蒙亦即人们走出其咎由自取的受监护状态的要点主要放在**宗教事务**中，因为就艺术和科学而言，我们的统治者们没有兴趣扮演其臣民们的监护人；此外，那种受监护状态如其是所有受监护状态中最有害的一样，也是最有损声誉的。但是，一位促进启蒙的国家元首，其思维方式再继续前进，并将看出：甚至就其**立法**而言，允许其臣民们**公开地**运用自己的理性，乃至于以对已立之法的一种坦率的批评来公开地向世界阐述自己关于更好地拟订法律的想法，这并没有危险；对此，我们有一个光辉的榜样，还没有一位君主由此超过我们所敬爱的那位君主。

但是，也惟有自己已启蒙、不惧怕阴影、但同时手中握有

一支训练有素且人数众多的军队以保障公共安定的君主，才能够说一个共和国不可以斗胆说出的话：**理性思考吧，思考多少、思考什么都行；只是要服从**！在这里，就这样展示出人类事务的一种令人惊讶的、出乎意料的进程；正如通常在宏观上观察这种进程时也是一样，其中几乎一切都是悖谬的。一种较大程度的公民自由似乎有利于人民的**精神**自由，但却给它设下了不可逾越的限制；与此相反，一种较小程度的公民自由却给这种精神获得了尽其一切能力展开自己的空间。当自然在这个坚硬的外壳下把它精心照料的胚芽亦即**自由**思考的倾向和天职展开来之后，这个胚芽就逐渐地反过来影响人民的性情（人民由此逐渐地变得能够有行动的自由），并最终也甚至影响**政府**的原理，政府发现，按照如今**不止是机器**的人的尊严来对待人，对 8〔42〕
政府自己是有益的。①

普鲁士哥尼斯贝格

1784 年 9 月 30 日

原文收入李秋零主编《康德著作全集》第 8 卷，作于 1784 年。

① 今天，即 9 月 30 日，我在**毕兴**的 9 月 13 日的《每周报道》* 上读到本月的《柏林月刊》的通告，其中提到**门德尔松** ** 先生对同一个问题的回答。我尚未看到他的回答，否则它就会制止现在这个回答了，现在它能出现在这里，只是为了试一试，巧合在多大程度上能够带来思想的一致。

* 《新地图、地理学、统计学和历史学新书和作品每周报道》，毕兴［Ant. Friedr. Büsching］编，1784 年第 12 年度，291～292 页，柏林，1785。——科学院版编者注

** 参见本文导言。——科学院版编者注

纯粹实践理性的方法论

5〔151〕 人们不能把纯粹**实践**理性的**方法论**理解为（无论是在反思中还是在陈述中）就其科学知识而言对待纯粹实践原理的方式，这种知识人们通常本来只在**理论的东西**中才称为方法（因为通俗的知识需要一种**风格**，但科学却需要一种**方法**，也就是说，需要一种**按照**理性的原则的程序，一种知识的杂多惟有借助这种程序才能成为一个**体系**）。毋宁说，这种方法论被理解为人们如何能够使纯粹实践理性的法则**进入**人的心灵并**影响**其准则，亦即使客观的实践理性也**在主观上**成为实践的那种方式。

现在虽然很清楚，意志的那些惟一使准则真正成为道德的并赋予它们以一种道德价值的规定根据，法则的直接表象和作为义务的对法则的客观必然的遵守，都必须被表现为行动的真正动机，因为若不然，虽然会造就出行动的**合法性**，但却造就不出意向的**道德性**。但不是那么清楚的、毋宁说初看起来必定对每个人来说都显得难以置信的是，对纯粹德性的那种描述即便在主观上，也能够比由娱乐和一般而言人们可以归为幸福的

一切东西的哄骗所可能造成的一切诱惑，或者还有由痛苦和灾 5〔152〕
祸某个时候所可能造成的一切威胁，都对人的心灵拥有**更多的力量**，并能够提供一种强有力得多的动机去自己造就行动的那种合法性，产生出一些更有力的、出自对法则的敬重把法则置于任何别的考虑之前的决断。尽管如此，事情确实就是这样，而且假如人的本性不是这种性状，那么，也就不会有法则的任何表现方式在某个时候转弯抹角地以劝说的手段来产生意向的道德性了。一切都会是全然的伪善；法则会遭到憎恨乃至于轻视，但为了自己的好处仍然得到遵守。法则的字句（合法性）将会能够在我们的行动中找到，但法则的精神却在我们的意向中根本找不到，而既然我们用尽了自己的一切努力也毕竟在我们的判断中不能完全摆脱理性，所以我们会不可避免地必定在我们自己的眼中显得是毫无价值的、卑鄙的人，即使我们试图以如下方式来补偿在内心的法庭面前受到的屈辱，即我们借助娱乐来使自己轻松愉快，按照我们的妄念，有一个我们所假定的自然的或者属神的法则把这些娱乐与它们的警察机器结合在一起，这警察仅仅关注人们所做之事，对于人们为什么做这件事却不关心。

虽然人们不能否认，为了把一个或者尚无教养或者粗野化了的心灵首次带到道德上的善的轨道上来，需要一些准备性的指导，通过他自己的好处来引诱这心灵，或者通过害处来恐吓它；然而，一旦这种机制、这个襻带起到了一些作用，纯粹的道德动因就绝对必须被带给灵魂，这动因不仅由于它是惟一建立起一种性格（按照不变的准则的实践上一以贯之的思维方式）的动因，而且也由于它教人感到他自己的尊严，而给心灵提供了一种对它自己来说出乎意料的力量，从一切想要占据统治地位的感性依赖性中挣脱出来，并在他的理知本性的独立性和他发现自己被规定要达到的崇高思想中为他所奉献的牺牲找到丰厚的补偿。因此，我们要通过任何一个人都能够进行的观察，把我们心灵的这种属性，把对一个纯粹的道德兴趣的这种感受性，因而把纯粹的德性表象的这种推动力，在它被恰如其分地带给人心的时候证明为最强有力的向善动机，在对道德准则的
〔153〕遵守中关键在于持久性和严格性的时候证明为惟一的向善动机；此际必须同时记住，如果这些观察只是证明了这样一种情感的现实性，却没有证明由此而完成的道德改善，那么，这并不会对仅仅通过义务的纯粹表象就使纯粹理性的客观上实践的法则成为主观上实践的那个惟一的方法造成任何损害，就好像这方法是一种空洞的幻想似的。因为既然这种方法还不曾被实行过，所以，就连经验也还不能关于它的成果展示出任何东西，相反，人们只能要求有对这样一些动机的感受性的证据，我现在想简明扼要地展示这些证据，然后再稍微勾画一下建立和培养真正的道德意向的方法。

如果注意一下不仅由学者和玄想家而且也由商人和家庭妇女组成的那些混杂的社交聚会的交谈进程，那么，人们就会发现，除了讲故事和戏谑之外，还有闲聊亦即闲谈在其中也占有一席之地；因为讲故事如果应当本身带有新奇同时有趣味的话，很快就会耗尽，而戏谑则很容易走味。在所有的闲谈中，没有什么比关于应当用来确定某个人的性格的这个或者那个行动的**道德价值**的闲谈，更多地激起那些通常在所有的玄想中很快会感到无聊的人们的参与，并把某种生气带入社交聚会了。那些通常对理论问题中的一切玄妙的和苦思冥想的东西都感到枯燥和伤脑筋的人，当事情取决于确定一个被讲述的好行动或

者坏行动的道德内涵时，马上就会参加进来，并且像人们在任何思辨客体那里都不可能期待于他们的那样精细、那样苦思冥想、那样玄妙地，把一切能够使意图的纯洁性和意图中的德性的程度减低，或者哪怕只是使其变得可疑的东西都想出来。人们在这些评判中经常看到对别人作判断的人士自己的性格闪现出来，他们中的一些人在他们主要对已死之人行使法官职务时，显得特别倾向于为关于这些人的这个或者那个行为所讲述出来的善作辩护，以反驳一切不正派的伤害性非议，最终为人格的全部道德价值辩护，以反驳虚伪和阴毒的指责，与此相反，另一些人更多盘算的是控告和谴责，不承认这种价值。但 5〔154〕
人们毕竟不能总是赋予后 种人以如下意图，即想通过玄想从人类的一切榜样中完全去除德性，以便由此使德性成为一个空洞的名称，相反，这常常只不过是在按照一个毫不容情的法则来规定真正的道德内涵时的善意严格罢了，与这个法则作比较，而不是与榜样做比较，道德事务上的自大就大为降低，而谦恭绝不纯然是教出来的，而是在严厉的自我拷问中被每个人所感到的。尽管如此，人们还是常常能够从为被给予的榜样的意图的纯洁性做辩护的人那里看出，在他们对正直有自己的猜想时，他们也乐意为这些榜样擦去最微小的污点，其动因乃是为了当一切榜样都被怀疑其真实性、一切人类德性都被否认其纯洁性时，德性不会最终被完全视为一种纯然的幻影，从而趋向德性的一切努力都被当做虚荣的做作和骗人的自大而遭到蔑视。

我不知道，为什么青年的教育者们没有早就已经利用理性很乐意在被提出来的实践问题本身中作出审查这种倾向，而且在他们把一种纯然道德的教义问答作为基础之后，却不怀着这种意图搜遍古代和近代的人物传记，以便手中握有所提出的那些义务的凭据，根据这些凭据，他们尤其是通过对不同情况下的类似行动进行比较，而使他们的学生的评判运作起来，以便觉察这些行动的较小或者较大的道德内涵，他们将在这里发现，甚至本来对任何思辨都还不成熟的少年，马上就变得很敏锐，并由于感到自己的判断力的进步而对此产生不小的兴趣，但最重要的是，他们能够有把握地希望，经常练习在其全部纯洁性中去认识和赞许正派的行为，与此相反则惋惜或者轻蔑地去觉察对这种纯洁性的哪怕最小的偏离，即便这直到此时还仅仅是作为小孩子们能够在其中相互比赛的判断力游戏来进行的，但却会留下在一方面作出高度评价并在另一方面表示憎恶的一种持久的印象，它们仅仅通过把这些行动经常地看做值得
5〔155〕赞许的或者值得谴责的这种习惯，就会为未来的生活方式中的正直构成一个良好的基础。只不过，我希望别用我们那些多愁善感的作品如此滥用的所谓**高尚的**（过誉的）行动的榜样来打扰这种练习，并把一切都转移到义务和一个人在他自己眼中通过没有违背义务的意识而能够和必须给予自己的价值上，因为凡是导致对高不可攀的完善性的空洞期望和渴求的东西，所产生的全然是小说中的人物，这些人物由于自己对这种夸张的伟大而自鸣得意，为此就宣布自己可以不遵守平常的和通行的职责，这种职责在这种情况下对他们来说显得微不足道地渺小。①

---

① 赞扬那些从中辐射出伟大的、无私的、关切的意向和人性的行动，这是完全可取的。但是，人们在这里必须注意的，与其说是**灵魂的提升**，倒不如说是对**义务的由衷的服从**，前者是转瞬即逝的和暂时的，对后者却可以期待有一个更长久的印象，因为它带有原理（但前者却仅仅带有激动）。人们只要稍作一点反思，就总是会发现他以某种方式就人类而言所承担的一种债务（哪怕只是这样一种债务，即有人通过公民状态中人们的不平等而享受好处，为此缘故别的人就必然更加匮乏），以免通过**值得赞扬**这种虚荣的自负来排挤**义务**的思想。

但如果有人问，真正说来究竟什么是人们必须当做试金石来检验任何行动的道德内涵的**纯粹道德**，那么，我就必须承认，惟有哲学家才能够使这个问题的裁断成为可疑的；因为在平常的人类理性中，这个问题虽然不是通过抽象的普遍公式，但却通过日常的应用而仿佛是左手和右手之间的区别那样早已得到裁断了。因此，我们要首先用一个例子来指出纯粹德性的检验标志，并且通过我们设想它例如被交给一个十岁的小男孩去评判，来看一看他是否无须由老师来指导，自己也必定这样来判断。且讲一个正派人的故事，有人想鼓动他加入一个无辜的、此外没有任何权能的人（例如被英国的亨利八世控告的安妮·博林）的诽谤者的行列。人们提供出好处，亦即重礼或者高位，他都予以拒绝。这在听众的心中将引起的全然是赞许和认同，5〔156〕
因为那是好处。现在人们开始以损失相威胁。在这些诽谤者中有他的一些最好的朋友，他们现在声称与他绝交，有他的一些近亲，他们威胁要剥夺他的继承权（他没有财产），有一些权贵，他们能够在任何地点和任何情况下迫害他和羞辱他，有一位君王，他威胁他将失去自己的自由乃至生命。但是，为了让他也感受到惟有道德上善良的心才能相当真切地感受到的那种痛苦，以便苦难忍无可忍，人们可以设想他的受到极度的困苦和匮乏威胁的家庭**恳求他顺从**，他自己虽然正直，但毕竟对于同情和对于自己的困苦并不具有坚定的、无动于衷的感官，在他期望自己永远不过那种使他遭受一种如此难以言说的痛苦的日子的时刻，他却依然忠于自己的正直的决心，毫不动摇或者哪怕是怀疑：于是，我这位年轻的听众就将逐步地被从纯然的认同提升到惊赞，从惊赞提升到惊奇，最后一直提升到极大的崇敬，提升到自己能够成为这样一个人（尽管当然不是在他那种情况下）的强烈愿望；而在这里，德性之所以仍然具有如此之多的价值，只是因为它付出了如此之多，而不是因为它带来了某种东西。整个惊赞，甚至要与这种性格相似的努力，在这里都完全基于道德原理的纯粹性，这种纯粹性惟有通过把人们只要能够归给幸福的一切都从行动的动机中除去，才能够被相当引人注目地表现出来。因此，道德越是被纯粹地展现出来，就越是必定对于人心有更多的力量。由此得出，如果道德法则和圣洁与德性的形象到处都应当对我们的灵魂施加一些影响的话，那么，道德能够施加这种影响，只是就它不混杂对自己的福祉的意图，纯粹地作为动机得到细心照料而言的，因为它在苦难中才最庄严地表现出来。但是，其被清除将加强一种推动力的作用的东西，必定曾是一个障碍。所以，从自己的幸福取得的动机的任何混杂，都对道德法则获得对人心的影响是一个障碍。——此外我主张，甚至在那种受到惊赞的行动中，如果该行动由以发生的动因是对自己的义务的尊重，那么，正是这
5〔157〕 种对法则的敬重，而绝不是对慷慨大度和高尚可嘉的思维方式的那种内心意见的要求，恰恰会对观众的心灵拥有极大的力量，所以是义务，而不是功德，才必定对心灵有不仅最确定的影响，而且如果它在自己的不可侵犯性的正当光辉中被表现出来，也必定对心灵有最具渗透力的影响。

在我们的时代，比起通过义务那与人类的不完善和在善中的进步相适应的枯燥严肃的表象来，人们更希望借助于温存的、心肠软的情感或者雄心勃勃的、头脑膨胀的、与其说使人心强健倒不如说使人心萎缩的僭妄，来对心灵产生更多的效果，在这样的时代对这种方法予以提示，就比任何时候都更为必要了。为儿童们树立一些行动，作为高尚的、慷慨的和

可嘉的行动使之成为典范，以为通过灌输某种热忱就可以引起他们对这些行动的好感，这完全是违背目的的。因为既然他们在遵守最平常的义务上，甚至在正确地评判这些义务上还如此远远滞后，那么，这就等于要使他们及时地成为幻想家。但即便是在更有学问、更有经验的那部分人那里，这种臆想的动机对人心如果不是具有有害的作用的话，至少也不具有任何真正的道德作用，而人们本来却是想借此达成这种作用的。

一切**情感**，尤其是应当造成如此非同寻常的努力的情感，都必须在它们正猛烈的时刻而且在衰退之前发挥它们的作用，若不然，它们就做不出任何事情；因为人心将自然而然地退回到它的自然的、适度的生命运动，然后沉入到它此前特有的疲惫中去，因为被带给它的虽然是某种刺激它的东西，但却绝不是使它精力充沛的东西。**原理**必须被建立在概念上，在一切别的基础上都只能形成一些心血来潮，它们不能使人格获得任何道德价值，甚至也不能获得对自己本身的信心，而没有这种信心，对自己的道德意向和这样一种性格的意识，即人里面的至善，就根本不可能发生。现在，这些概念如果应当成为主观上实践的，就必须不再停留在道德的客观法则那里，以便惊赞并在与人性的关系中尊重这些法则，而是必须在与人和与人的个体的关系中来考察它们的表象；因为那个法则显现在一个虽然极其值得敬重，但却不那 5〔158〕
么讨人喜欢的形象中，并不是好像属于他自然而然地习惯了的要素似的，反而是像要迫使他经常不是没有自我克制地放弃这一要素，而投身于一个更高的要素，在其中他惟有怀着对退步的不断忧虑才能费力地维持下去。一言以蔽之，道德法则要求出自义务；而不是出自偏爱来遵守，人们根本不能也不应当把偏爱当做前提条件。

现在，让我们在一个例子中看一看，在把一个行动表现为高尚的和慷慨的行动时，比起这个行动在与严肃的道德法则的关系中仅仅被表现为义务时，是否有一种动机的更多主观上的推动力。某人冒着极大的生命危险力图从沉船中救人，如果他最终在做这件事时丧失了自己的生命，那么，这行动虽然一方面被算做义务，但另一方面，而且绝大多数情况下也被算做可嘉的行动，然而，我们对这个行动的尊重就由于在这里显得受到某种损害的对自己的义务的概念而受到很大削弱。更具决定性的是为保卫祖国而慷慨捐躯，然而，自行地、不等命令就献身于这种意图，这是否也是如此完善的义务，对此却留有一些疑虑，而且该行动自身并不具有一个典范和推动人去仿效的全部力量。但如果这是不可免除的义务，对它的违反就自身而言并且不考虑人类的福祉就损害了道德法则，仿佛是践踏了道德法则的神圣性（这类义务人们通常称为对上帝的义务，因为我们在上帝里面所想的是实体中的神圣性的理想），那么，对于牺牲一切只会永远对我们的所有偏好中最深切的偏好具有价值的东西来遵守道德法则，我们就献上最完善不过的敬重，而且如果我们凭借这样一个例子能够确信，人的本性有能力超越自然只会永远在相反的动机上具有的一切而达到一个如此大的高度，那么，我们就发现自己的灵魂通过这样一个例子得到了加强和提升。**尤维纳利斯**在一种使读者鲜明地感受到在义务之为义务的纯粹法则中所蕴涵的动机之力量的强调中，表现了这样一个例子：

Esto bonus miles，tutor bonus，arbiter idem
Integer；ambiguae si quando citabere testis
Incertaeque rei，Phalaris licet imperet，ut sis 〔159〕
Falsus，et admoto dicet periuria tauro，
Summum crede nefas animam praeferre pudori
Et propter vitam vivendi perdere causas.
[要做一个好士兵，做一个好监护人，做仲裁者同样要
不偏不倚；一旦你被召来做证人
以决疑案，即使法拉里斯命令你
说假话，并拖来铜牛向你口授伪证，
你也深信罪孽就是舍荣誉而求生，
以及为活命而败坏生存的理由。]①

如果我们可以把任何一种讨人喜欢的东西从可嘉的东西中带入我们的行动，那么，动机就已经与自重有所混淆了，因而就从感性方面获得了一些赞助。但惟有把一切都置于义务的神圣性的后面，并意识到人们**能够**这样做，乃是因为我们自己的理性承认这是它的命令，并且宣布人们**应当**这样做，这才叫做仿佛把自己完全提升到感官世界之上，而且在对法则的这同一种意识中也作为一种**控制感性的**能力的动机而与效果不可分割地相结合，尽管并不总是相结合，但通过经常关注这动机并对其应用作最初较小的尝试，效果毕竟也给自己的

---

① 《讽刺诗集》，Ⅲ，8，79～84；康德在《纯然理性界限内的宗教》（《康德全集》，第Ⅵ卷，49页。[参见李秋零主编：《康德著作全集》，第6卷，50页，北京，中国人民大学出版社，2007。——译者注]）和《道德形而上学》（《康德全集》，第Ⅵ卷，334页。[参见《康德著作全集》，第6卷，345页。——译者注]）中也曾同样引用。——科学院版编者注

造就提供希望，以便在我们心中逐渐地产生对这动机的最大的，但却是纯粹的道德兴趣。

因此，这种方法采取如下的进程。**首先**，事情所涉及的仅仅是，使按照道德法则作出评判成为一件自然的，既伴随着我们自己的自由行动也伴随着对他人的自由行动的观察的工作，并使之仿佛成为习惯，并通过人们首先追问行动是否客观上符合**道德法则**以及符合哪种道德法则，来磨砺这种评判；此际，人们把对仅仅给约束力提供一个**根据**的法则的注意与事实上本身就**有约束力**的法则（leges obligandi a legibus obligantibus［作出约束的法则与被约束的法则］）区别开来（例如，人们的**需要**所要求我的那种东西的法则，与人们的**权利**所要求我的那种东西的法则相对立，其中后者指定的是本质性的义务，前者指定的则是非本质性的义务），并教人把汇集在一个行动中的不同义务区别开来。注意力应当指向的另一点，是如下问题：行动是否也是（在主观上）**为了道德法则**而发生的，因而它不仅仅拥有作为行为的道德正确性，而且也拥有作为意向、按照准则的道德价值。现在毫无疑问，这种练习和由此产生的培养我们仅仅对实践事务作出判断的理性的意识，必定会逐渐地产生
5〔160〕甚至对理性的法则，因而对道德上善的行动的某种兴趣。因为我们最终将慢慢喜欢上这样一种东西，对它的考察使我们感到我们认识能力的扩展了的应用，而尤其促成这种应用的是我们在其中发现道德正确性的东西；因为理性惟有在事物的这样一种秩序中，才能很好地适应自己先天地按照原则来规定什么事情应当发生的那种能力。然而，一个自然观察者最终会慢慢喜欢上起初令他的感官反感的对象，如果他在这些对象上揭示出它们的组织的重大合目的性，并如此使他的理

性在观察这些对象方面得到享受的话，而莱布尼茨则爱惜地把他用显微镜仔细观察过的一只昆虫重新放回它的叶子上，因为他认为自己通过观看获得了教益，仿佛是从它身上享受了一件善行。

但是，判断力的这种让我们感觉到我们自己的认识能力的工作，还不是对行动及其道德性本身的兴趣。这种工作只是使得人们乐意以这样一种评判来消遣，并给予德性和按照道德法则的思维方式以一种美的形式，这种形式令人惊赞，但还并不因此而被人寻求（laudatur et alget［他受到赞扬却感到发冷］[①]）；就像所有那些东西一样，我们对它们的观察在主观上造就了对我们的各种表象能力的和谐的意识，而且在它们那里我们感觉到我们的全部认识能力（知性和想象力）都得到了加强，它们就产生出一种也能传达给别人的愉悦，此时客体的实存仍对我们来说是无所谓的，因为它只被视为觉察到我们心中那些才能的超出动物性之上的禀赋的诱因。但现在，**第二种**练习开始了自己的工作，亦即在借助例子生动地展示道德意向时使人注意到意志的纯洁性，首先只是作为意志的消极的完善性，是就一个出自义务的行动中根本没有任何偏好的动机作为规定根据对意志发生影响而言的；但这毕竟使初学者对自己的**自由**的意识保持注意，并且虽然这种放弃激起了最初的痛苦感觉，但却由于它使那个初学者摆脱了甚至真实的需要的强制，同时也就向他通报了对所有这些需要把他纠缠在其中的各种各样不满意的一种解放，并使心灵对于来自其他源泉的满意

---

① probitas laudatur et alget［诚实受到赞扬却感到发冷］，尤维纳利斯：《讽刺诗集》，第Ⅰ卷，1，74。——科学院版编者注

5〔161〕感也易于接受。如果在相关例子已被摆出来的那些纯粹道德决定上，给人揭示出一种内部的，甚至通常根本不为他正确知道的能力，即**内在的自由**，也就是如此挣脱偏好的剧烈纠缠，以至于根本没有任何偏好，哪怕是最喜爱的偏好对我们现在应当利用我们的理性作出的决定产生影响，那么，人心就毕竟从任何时候都暗中压在它上面的重负中得到解放和减轻了。如果**只有我一个人**知道错误在我这一方，而且，尽管坦率地承认错误、提议作出赔礼道歉因虚荣心、自私、甚至对被我侵权的人通常并非不公正的反感而遇到如此巨大的反对，我还仍然能够把所有这些疑虑置之度外，那么在这一种情况中，就毕竟包含着对偏好、对机遇的一种独立性和对自我满足的可能性的意识，即便是在别的意图中，这种可能性对我来说也是处处有益的。而现在，义务的法则通过对它的遵守使我们感到的那种积极的价值，通过在对我们的自由的意识中**对我们自己的敬重**而找到了更方便的门路。如果这种敬重完全被建立起来了，如果没有任何东西比在内部的反省中在人自己的眼中觉得自己是可鄙的和下流的更强烈地使人感到害怕，那么，任何善良的道德意向都能够被嫁接在这种敬重上；因为这是防止心灵受不高尚的和堕落的冲动入侵的最好的，甚至是惟一的守卫者。

我借此只是想指出一种道德教养和练习的方法论的最普遍准则。既然义务的多样性为其每一个种类还要求特殊的规定，且这样就会构成一项广泛的工作，所以如果我在像这样一部只是预备性练习的作品中仅限于讨论这些基本特征，人们将认为我是有情可原的。

结束语

有两样东西，越是经常而持久地对它们进行反复思考，它们就越是使心灵充满常新而日益增长的惊赞和敬畏：**我头上的星空和我心中的道德法则**。我不可以把这二者当做遮蔽在黑暗 5〔162〕中的或者在越界的东西中的，而在我的视野之外去寻求和纯然猜测它们；我看到它们在我眼前，并把它们直接与对我的实存的意识联结起来。前者从我在外部感官世界中所占有的位置开始，并把我处于其中的联结扩展到具有世界之上的世界、星系组成的星系的无垠范围，此外还扩展到它们的周期性运动及其开始和延续的无限时间。后者从我不可见的自我、我的人格性开始，把我展现在这样一个世界中，这个世界具有真正的无限性，但惟有对于知性来说才是可以察觉的，而且我认识到我与这个世界（但由此也就同时与所有那些可见世界）不是像在前者那里一样处于只是偶然的联结中，而是处于普遍的和必然的联结中。前面那个无数世界之集合的景象仿佛根除了我作为一个**动物性的造物**的重要性，这种造物在它短时间内（人们不知道是怎样）被配备了生命力之后，又不得不把它曾由以生成的物质归还给行星（宇宙中的一个纯然的点）。与此相反，后面这种景象则通过我的人格性无限地提升了我作为一个**理智**的价值，在这种人格性中，道德法则向我启示了一种不依赖于动物性，甚至不依赖于整个感官世界的生活，至少是从凭借这个法则对我的存在的合目的的规定中可以得出的，这种规定并不局限于此生的条件和界限，而是无限延续的。

然而，惊赞和敬重虽然能够诱人去探索，但却不能弥补探索的缺陷。现在，为了以有用的和与对象的崇高相适合的方式来着手进行这种探索，应该做些什么呢？在这里，例子可以用做警告，但也可以用做效仿。对世界的考察曾经从人类的感官只能永远呈现、我们的知性则只能永远忍受在感官的广袤范围里去追踪的那种最壮丽的景象开始，而终止于——占星学。道德曾经是从人类本性中其发展和培养可望有无限好处的那种最高尚的属性开始，而终止于——狂热或者迷信。一切尚属粗糙的尝试情况都是这样，在这些尝试中，工作的最主要的部分都取决于理性的应用，这种应用并不像双脚的应用那样凭借经常的练习就将自行产生，尤其是当它涉及不能如此直接地在平常
5〔163〕经验中展现的那些属性的时候。但是，无论多么迟，在对理性打算采取的一切步骤都事先周密思考，并只让这些步骤在一种事先深思熟虑的方法的轨道上运行这一准则流行开来之后，对世界大厦的评判就获得了一个完全不同的方向，同时与这个方向一起获得了一个无比幸运的出发点。一块石头的降落、一个投石器的运动，在它们被分解成它们的各个要素和在此表现出来的力并经过数学处理之后，最终就产生出对世界结构的那种清晰的、对一切未来都不可改变的洞识，这个洞识在进一步的考察中可以希望永远只是扩展自身，但绝对不用担心不得不倒退回去。

上述例子能够建议我们在对待我们的本性的道德禀赋时同样选择这条道路，并给予我们达到类似的良好成果的希望。我们手头毕竟有在道德上作出判断的理性的一些例子。现在把这些例子分解成它们的要素概念，在缺乏**数学**时采用一种类似于**化学**的**离析**程序，即在对平常人类知性反复进行的实验中把可能存在于这些概念中的经验性的东西和理性的

东西离析开来，这就能够使我们**纯粹地**辨识二者，并确定无疑地辨识每一个单独就能够提供的东西，这样就能够一方面预防一种尚属**粗糙的**、未经练习的评判的失误，另一方面（这更为必要得多）预防天才亢奋，由于这种**天才亢奋**，就像哲人之石的炼金术士们习惯于做的那样，不用任何方法上的研究和对自然的知识，就被许诺了梦想中的宝藏，但真正的宝藏却被挥霍掉了。一言以蔽之：科学（经过批判的寻求和方法上的引导）是导向**智慧学**的窄门，如果这种智慧学不仅被理解为人们应当**做**的事情，而且被理解为应当用做**教师们**的准绳的东西，以便妥善而明确地开辟那条每个人都应当走的通向智慧的道路，并保护别人不走歧路的话；这门科学，哲学在任何时候都必须依然是它的保管者，公众对它的玄妙的研究不感兴趣，但却对按照这样一种研究才能使他们真正恍然大悟的**学说**大感兴趣。

原文见《实践理性批判》，收入李秋零主编《康德著作全集》第5卷，作于1788年。

伦理教学法

第 49 节

德性必须被获得（不是生而具有的），无须可以援引从经验中获得的人类学知识，这一点已经蕴涵在德性的概念之中了。因为人的道德能力倘若不是通过决心的力量在与强大的相反偏好的冲突中产生的，它就会不是德性了。德性是出自纯粹实践理性的产品，这是就后者在意识到自己对前者（出自自由）的优越性时获得了支配权而言的。

德性能够并且必须被教授，这是从它并非生而具有得出的；因此，德性论是一种**教义**。但是，由于仅仅通过人们为了适合德性概念而应当如何行事的学说，还没有获得实施规则的力量，于是，斯多亚派就只是认为，德性不可能通过纯然的义务表象、通过告诫（以敦促的方式）来**教授**，而是必须通过尝试与人心中的内在敌人进行斗争（以修行的方式）来培养，来练习；因为如果人们不事先尝试和练习自己的力量，他就不**能**马上做到他想做的一切，但这方面的**决定**却无疑必须一下子完全作出，因为若不然，意向（animus）由于为了逐渐地抛弃恶习而与之妥协，本身就可能是不纯洁的，甚至是有恶习的，因此也不可能产生德性（因为德性以一个惟一的原则为依据）。

第50节 6〔478〕

现在，就教义的方法（因为每一个科学学说都必须是**有方法的**，否则，陈述就是**混乱不堪的**）而言，如果德性论应当表现一门科学，这方法就也不能是**残缺不全的**，而必须是**系统的**。——不过，陈述可能要么是**讲授的**，因为它所遇到的所有他人都纯然是听众，要么是**询问的**，在报告中教师问他的学生他想教给他们的东西，而且这种询问的方法又要么是教师向学生们的**理性**提问，是**对话的**教学方式，要么只向他们的**记忆**提问，是**问答的**教学方式。因为如果有人想向他人的理性提问某种东西，那就只能以对话的方式进行，亦即通过教师和学生互相**交替**提问和回答来进行。教师通过提问，通过提出事例来仅仅开发学生心中对某些概念的禀赋，而引导着学生的思想进程（他是学生思想的助产士）；此时认识到自己有能力思考的学生，通过其反问（关于晦暗不明的东西或者与已被认可的原理对立的怀疑）促使**教师**按照 docendo discimus［在教中学］来自己**学习**他必须如何恰当地提问〔因为一个给逻辑学提出的、还没有被充分铭记的要求是：逻辑也要提供人们应当如何合目的地**探索**的规则，也就是说，并非总是仅仅为**规定性**的判断，而且也为先行的判断（iudicia praevia）提供规则，人们就是通过后者产生思想的；这是一种甚至对数学家也能够是发明的指导，并且也经常被数学家运用的学说〕。

第 51 节

德性论对还稚嫩的学生来说首要的和最必要的**学说**工具是一部道德**问答手册**。这种手册必须先行于宗教问答手册，并且不能只作为插入物被一起织入宗教学说，而是必须单独地、作为一个独立自存的整体来阐述，因为只有通过纯粹道德的原理，才能实施从德性论向宗教的跨越，因为若不然，这种宗教的认信就会是不纯正的。——所以，恰恰是那些最可尊敬的和最伟
6〔479〕大的神学家，都对为章程性的宗教学说写一个问答手册（同时为它担保）表示反感；因为人们毕竟应当相信，这会是人们从他们的博学的巨大宝藏中有权期待的最无关紧要的东西。

反之，一部纯粹**道德的**问答手册，作为德性义务的启蒙教师，就不具有任何这样的疑虑或者困难，因为它（按照其内容）可以从普通的人类理性中开发出来，并且（按照形式）只可以与第一种传授的教学规则相适应。但为了这个目的，这样一种课程的形式原则就不允许苏格拉底式的对话的教学方式，因为学生就连他应当如何提问也不知道；因此，惟有教师才是提问者。但是，教师有条理地从学生的理性中诱导出的回答必须以确定的、不易改变的表述来措辞和保存，因此必须相信他的记忆：在这一点上，**问答的教学方式**不仅与**独断的教学方式**（这里惟有教师在说话）有别，而且与**对话的教学方式**（这里双方相互问和答）有别。

第 52 节

德性教育的**实验**手段（技术手段）是以教师本人为**模范**实

例（具有示范性的表现），以他人为**告诫**实例；因为仿效对于还未受教育的人来说是接受他今后采取的准则的第一次意志规定。——养成习惯或者戒除习惯就是通过频繁地满足一个偏好来确立这个没有任何准则的固执偏好；而且它是感官方式的一种机械作用，而不是思维方式的一个原则（在这方面，后来的**荒废**要比**学会**更难）。——但是，就显露给癖好供仿效或者告诫的**样板**的力量（无论是为善还是为恶）而言①，他人给予我们的东西，不能确立德性准则。因为这种准则恰恰在于每个人的实 6 〔480〕
践理性的主观自律，因此不是其他人的举止，而是法则必须充当我们的动机。所以教育者不会对他养成坏习气的学生说：以那个好少年（规矩的、勤奋的少年）为榜样！这只会成为学生憎恨这少年的原因，因为学生由于这少年而暴露出其弱点。好的样板（示范性的转变）不应当充当典范，而只应当充当合乎义务的东西的可行性的证明。因此，并非与某个他人的比较（他是怎样的），而是与他应当怎样的理念（人性）的比较，因此是与法则的比较，必须给教师提供其教育的绝不可少的准绳。

附释　一部道德问答手册的片段

教师向他的学生的理性询问他要教给学生的东西，如果学生不会回答该问题，教师就提示他（引导他的理性）。

---

① **“实例”**是一个德文词，通常人们将它用于与它同样适用的“样板”，但它与后者涵义并不相同。以某事为样板，与为了理解一个表述而举出实例，这是完全不同的概念。样板是一个**实践**规则的特殊情况，如果这个规则表现的是一个行为的可行性或者不可行性的话。反之，一个实例只是殊相（concretum［具体的东西］），被表现为按照概念（abstractum［抽象的东西］）包含在共相之下，并且只是对一个概念的理论展示。

1. 教师：什么是你生活中最大的，甚至是全部的要求？学生：不知道。——教师：是对你来说一切事情依照愿望和意志进行，并且始终这样。

2. 教师：人们如何称呼这样一种状态？学生：不知道。教师：人们把它称为**幸福**（持久的康乐、快乐的生活、对自己状态的完全满意）。

3. 教师：如果你现在手中拥有（世界上可能有的）一切幸福，你会独自保有所有这些幸福，还是也把它们传达给你的邻人？——学生：我会传达它们，使他人也幸福和满足。

4. 教师：这清楚地表明，你差不多还有一颗善良的**心**；但且看一看，你在这里是否也表现出健全的**理智**。——你会使懒
6〔481〕汉获得软和的枕头，让他能够在甜蜜的无所事事中过日子；或者使酒鬼不缺酒喝，而通常这属于麻醉品；使骗子有讨人喜欢的仪表和举止，以便施计骗他人；或者使暴徒有勇敢和铁拳，以便能够制服他人吗？这肯定是每个人所期望的一些手段，以便按照自己的方式幸福。学生：不，不是这样。

5. 教师：因此你发现：如果你手中也拥有一切幸福，并为此拥有最善良的意志，你毕竟不会不假思索地把那幸福送给每一个抓取的人，而是首先要检查一下，每一个人在多大程度上**配享**幸福。——教师：但对你本人而言，你毕竟会毫不犹豫地拿你列入自己幸福的一切首先供给自己？学生：是的。教师：但这样一来，你思想中不也就出现了一个问题：你本人是否也能配享幸福呢？学生：当然。教师：现在，在你心中仅仅追求幸福的，就是**偏好**；但把你的偏好限制在首先配享幸福的条件上的，是你的**理性**，而你能够通过自己的理性限制、制服你的

偏好；这就是你的意志的自由。

6．教师：现在，为了知道你怎样开始，以便分享幸福而又毕竟不变得不配幸福，这方面的规则和指导就完全只在你的**理性**中；这就等于是说：你没有必要从经验中，或者从他人那里通过其传授来学会你的行止的规则；你自己的理性将直截了当地教导你并命令你，什么是你应当做的。例如，当你遇到一个案件，由于你能够通过一个精心编造的谎言给你或者你的朋友谋得一个很大的好处，肯定还不会因此而损害任何其他人，那么，你的理性对此将说什么呢？学生：我不该撒谎；好处对我和我的朋友而言会与他一直想要的一样大。撒谎是**卑鄙的**，并且使人**不配**幸福。——这里有一种因一个理性命令（或者禁令）而来的无条件的强制，我必须服从这个命令：反之，我的所有偏好都必须默不作声。教师：人们怎样称呼这种直接由理性加给人的、按照理性的一种法则来行动的必然性呢？学生：它叫 6〔482〕
做**义务**。教师：因此，对人来说，遵循自己的义务就是配享幸福的普遍的和惟一的条件，而且后者与前者就是同一个东西。

7．教师：但是，如果我们也意识到这种善良的和积极的意志，由于它我们认为自己配享（至少不是不配）幸福，那么，我们能够也把分享这种幸福的可靠希望建立在这上面吗？学生：不！不能仅仅建立在这上面；因为谋求这种幸福并非总是取决于我们的能力。而且自然的进程也不是如此自动地依据功德，相反，生活的幸福（我们一般而言的福利）取决于一些远远不是人都能控制的情况。因此，我们的幸福永远都只是一个愿望，除非有某种别的力量加入，这种愿望在那时才能成为希望。

8．教师：理性自己有充足的理由认为这样一种根据人的功过来分配幸福、掌管整个自然、并以至高的智慧统治世界的力量是现实的，亦即信仰上帝吗？学生：是的；因为我们在我们能够评判的自然的作品上看到如此广博而且深刻的智慧，我们只能用一个世界创造者的一种无以名状的伟大的艺术来解释这种智慧，这样，就世界最高的光彩所在的道德秩序而言，我们也有理由期望世界创造者有同样睿智的治理，亦即如果我们没有通过违背我们的义务而使我们自己**不配幸福**，那么，我们就也能够希望**分享**幸福。

在这部必须通过德性和恶习的一切条款来实施的问答讲义中，最大的注意力集中在：义务命令肯定不是被建立在从遵循该命令中为该命令应当使之承担责任的人产生的好处或者害处之上，甚至也根本不是被建立在对他人产生的好处或者害处之上，而是完全纯粹地建立在道德原则之上，提及这些好处或者害处只是附带的，是作为就自身而言可有可无的，但对于天生
6〔483〕软弱的人的口味来说充当纯然工具的补充。在任何地方都必须重点描述的，是恶习的**可耻**，而不是它（对当事人自己）的**危害**。因为如果德性的尊严在行动中不是被提高到一切之上，那么，义务概念本身就会消失，并化为纯然实用的规定；因为在那种情况下，人在其自己的意识中的高贵就会消失，而人就会待价而沽，把自己出售给对他来说有诱惑力的偏好。

如果这是聪明地和认真地根据人逐渐踏上的年龄、性别和地位的不同阶段而从人自己的理性中展现出来的，那么，就还有某种东西必须作出决定，内在地打动灵魂，将人置于这样一种境地，在这里他只能怀着对自己固有的源始禀赋的极大惊赞来看待自己，而且对此的印象永不消失。——也就是说，如果他在结束自己的课程时依序再一次扼要陈述（重

述）自己的义务，如果他在每一次课程中都被提请注意，一切灾祸、烦恼和生活的苦难，甚至在他忠诚地服从其义务时可能击中他的死亡威胁，都毕竟不能夺去他高于这一切，并且是它们的主人的意识，那么，他就极为容易想到如下问题了：在你心中那敢于以自然的一切力量在你里面和你周围投入战斗，并且在它们与你的道德原理发生冲突时战胜它们的东西是什么呢？这个问题的解决完全超出了思辨理性的能力，尽管如此它还是自行出现了，如果它引起人们的关注，那么，就连灵魂的这种自我认识中的不可理解性也必定提供一种升华，灵魂受到的诱惑越多，这种升华就只会越强烈地鼓舞灵魂去尊崇自己的义务。

在这种问答的道德课程中，对道德教化来说具有很大用处的会是：在每次剖析义务时拟出一些决疑论问题，并且让孩子们聚集起来尝试自己的理智，看他们中的每一个人打算如何解决摆在他面前的棘手课题。——不只是因为这是对**理性**的一种 6〔484〕
与未受教育者的能力最相适宜的培养（因为这种培养在涉及什么是义务的问题上能够比就思辨问题而言远为容易得多地作出决定），并且是一般而言使青年的理智更加敏锐的最适当的方式，而主要是因为人的本性就爱这么做，在这件事中和在对它的处理中，人一直形成了一门科学（借此他如今就明白了），而这样，学生就通过这类练习不知不觉地被引入到对道德事务的关切之中。

但是，教育中最重要的事情是：不要把道德问答手册与宗教问答手册混同起来陈述（融合），也不要让它跟在后者后面；而是在任何时候都要对前者作出最清晰的说明，确切地说要以最大的勤奋和详尽做这件事。因为不这样做，以后从宗教中产生的就无非是伪善，即出自恐惧而认信义务，并撒谎说对那些并不放在心上的人有一种关切。

原文收入李秋零主编《康德著作全集》第6卷，作于1797年。

伦理的修行法

第 53 节

德性中的练习（exercitiorum virtutis）的规则旨在两种心灵情调，即在遵循其义务时顽强的和愉快的心情（animus strenuus et hilaris）。因为德性必须与障碍进行斗争，为了克服这些障碍，它必须集中自己的力量，同时牺牲一些生活乐趣，失去这些乐趣有时可能使心情变得沮丧和闷闷不乐；但是，人们并非愉快地，而只是当做劳役做的事情，对于在此服从其义务的人来说，就没有任何内在的价值，并且不受欢迎，而是尽可能地逃避实施它的机会。

德性的培养，亦即道德的**修行法**，就精力充沛的、顽强的和勇敢的德性练习的原则而言，拥有**斯多亚派**的格言：“你要习惯于**忍受**偶然的生活灾难和缺少同样多余的闲情逸致（assuesce incommodis et desuesce commoditatibus vitae）。”对于人来说，保持道德健康是一种饮食学。但健康只是一种消极的康乐，它 6〔485〕
本身不能被感觉到。必须附加某种东西，来保障一种舒适的生活享受，而且毕竟是纯然道德的。这就是有德性的**伊壁鸠鲁**的理念中任何时候都快乐的心灵。因为谁应当比没有意识到任何故意的违背并由于堕落而被固定在这样一种违背中的人有更多的理由去拥有愉快的心情，并且不把置身于一种愉快的情调并使之成为习惯甚至视为一种义务呢（hic murus aheneus esto etc. [你就应当是这堵铜墙……]——贺拉斯①)？——反之，僧侣的修行法出自迷信的畏惧或者对自己虚伪的厌恶，以自我折磨和肉身钉上十字架为业，也不是旨在德性，而是旨在狂热的涤罪，自己给自己施加惩罚，而且不是在道德上（亦即怀着改善的意图）**悔罪**，而是要**赎罪**，即便自己选择并且执行了惩罚，这（因为惩罚必须是他人施加的）也是一个矛盾，而且也不能造成伴随着德性的愉悦感，而毋宁说不可能没有对德性命令的隐秘仇恨。——所以，伦理的训练只在于与自然冲动作斗争，这种斗争要达到的程度就是在出现威胁着道德性的情况时能够制服自然冲动；因此它使人顽强，并在意识到重获自由时快乐。为某事**悔恨**（这在回忆从前的违背时是不可避免的，在这方面不让这种记忆消失甚至就是义务），以及加给自己一种**忏悔**（例如斋期），不是出于饮食学的考虑，而是出于虔诚的考虑，这是两种十分不同的、有道德意义的防护措施，其中后者是不愉快的、阴沉的和闷闷不乐的，它使得德性甚至成为可恨的，并且使其信徒望而却步。因此，人自己加给自己的管束（纪律）只能通过伴随管束的愉悦感成为值得称赞的和示范性的。

---

① 《书札》，Ⅰ，1，60。——科学院版编者注

结束语 6〔486〕

宗教学说作为对上帝的义务的学说，处于纯粹道德哲学的界限之外

阿布德拉的**普罗泰戈拉**在他的书中开篇写下这样的词句："**诸神存在还是不存在，对此我不知道说什么**。"① 所以，他被雅典人从城里和他的地产上驱逐出去，他的书被当着公众聚会焚烧（昆提利安：《论修辞学》，第 3 卷，第 1 章）②。——在这一点上，雅典法官作为人虽然对他所行很**不义**；但是作为**国家官员**和法官，他们对待他的方式完全是**合法的**和一贯的；因为如果不是公开和合法地**以高层当局的名义**（de par le Senat [以元老院的名义]）来命令，人们怎么能够发誓说：有诸神存在？③

但是，承认这种信仰并且认可**宗教学说**是一种普遍的**义务** 6〔487〕

① "De diis, neque ut sint, neque ut non sint, habeo dicere."

② 在昆提利安那里，关于普罗泰戈拉仅仅触及修辞学的东西。所指的毋宁说是西塞罗的《论诸神本性》，Ⅰ，23，63。"从他的地产"是错误的翻译；urbe atquo agro exterminatus："从城市和农村驱逐出去"（普罗泰戈拉没有在阿提卡定居，而是旅行到此）。——科学院版编者注

③ 虽然后来一个伟大的道德上立法的智者把这种誓言当做愚蠢的、同时近乎于渎神的，而予以完全禁止；但出于政治的考虑，人们还总是相信绝对不能缺少这种机械的、用于公共正义的管理手段，并且想出了一些温和的解释，以便回避那种禁令。——既然认真地发誓说有一个神存在是荒唐的（因为人们哪怕只是为了能够发誓，就必须已经公设了这个神），那么，还留下的问题就是：一个誓言是不是可能以及有效，因为人们只是对有一个神存在**这种情况**（无须像普罗泰戈拉那样澄清某种东西）发誓的。——事实上，一切真诚地、同时深思熟虑地发出的誓言都不是在任何其他意义上发出的。——因为一个人完全自愿地发誓说有一个神存在，这虽然看起来不是一个可疑的提议，不管他信神还是不信神。如果有一个神存在（骗子将说），那我就说对了；如果没有一个神存在，那么，也没有任何人使我承担责任，我通过这样一个誓言没有使自己陷入任何危险。——但在这种情况下，**如果这样一个神存在**，就不因蓄意的，甚至为了欺骗神而作出的谎言而遇到任何危险吗？

学说的一个不可缺少的部分，现在关于它所属的**学科**的界限规定的问题却是：宗教学说是必须被视为伦理学的一个部分（因为在这里谈不上人们相互的法权），还是完全处在一种纯粹哲学的道德的界限之外。

一切宗教，如果人们这样来解释它，说它是“一切**作为**（instar［类似］）神的诫命的义务的总和”，那么，其**形式的东西**就属于哲学道德，因为由此所表达的只是理性与神的**理念**的关系，这种理念是理性自己给自己制作的，而在这种情况下，一种宗教义务还没有成为**对**（erga）作为一个在我们的理念之外实存的存在者的神的义务，因为我们在这里还不考虑神的实存。——所有人类义务都应当按照这种**形式的东西**（这些义务与一个属神的、先天地被给予的意志的关系）来思想，这样做的根据只是主观的和逻辑的。也就是说，不在这里设想一个**他者**及其意志（普遍立法的理性只是他的代言人），亦即神，我们就不能完全使义务的承担（道德的强制）对我们直观化。——只有这种**就**神（真正说来是我们给自己制作的关于这样一个存在者的理念）**而言**的义务才是人对自己的义务，也就是说，不是客观的、对一个他者提供某种服务的责任，而只是主观的、在我们自己的立法理性中强化道德动机的责任。

但是，说到宗教的**质料的东西、对**（erga）神的义务的总和，亦即应当为神提供的服务（ad praestandum），宗教就会能够包含特殊的、不是仅仅从普遍立法的理性出发的、因而不能被我们先天地认识而是只能经验性地认识的、从而只是属于启示宗教的、作为神的诫命的义务；因此，宗教也不能任意地预设这种存在者的存在，并不仅仅是实践意图中关于这种存在者的理念，而是当做直接地（或者间接地）在经验中被给予的来阐释。但这样一种宗教，无论它怎样有根有据，都毕竟不能构成**纯粹哲学的道德**的一个部分。

因此**宗教**，作为**对**神的义务的学说，处在纯粹哲学的伦理学的一切界限之外，而且这权充是本书作者的辩护，即他没有像通常习惯的那样，为了伦理学的完整性而把在那种意义上设想的宗教拉入到伦理学中。 6〔488〕

虽然可以说有一种“纯然理性**界限内**的宗教”，但这宗教并不是从纯然理性中派生出来的，而是同时建立在历史学说和启示学说之上的，而且仅仅包含着纯粹实践理性与这些学说的**一致**（即它不与这些学说相冲突）。但在这种情况下，它也就不是**纯粹的**，而是**运用于**一种现有历史的宗教学说，对它来说，在一种作为纯粹实践哲学的**伦理学**中就没有位置了。

最后的附释

理性存在者的一切包含着一个人的意志与另一个人的意志相一致的原则的道德关系，都可以归溯到**爱**和**敬重**，而且就这个原则是实践的而言，意志就爱而言的规定根据可以归溯到**目的**，就敬重而言的规定根据可以归溯到他人的**法权**。——如果这些存在者中的一个是对别的存在者只有法权而没有义务的存在者（上帝），因而别的存在者对前者就只有义务而没有法权，那么，他们之间的道德关系的原则就是**超验的**（反之，人们的意志是彼此交互限制的，人与人的道德关系具有一种**内在的**原则）。

就人类而言的属神目的（人类的创造与引导），人们只能把它设想为仅仅出自**爱**，也就是说，它就是人的**幸福**。但是，上帝的意志就限制着爱的作用的应有敬重（敬畏）而言的原则，亦即属神法权的原则，只能是**正义**的原则。人们也可以（按照人的方式）这样表述：上帝创造了理性存在者，仿佛是出自在自身之外拥有某种东西的需要，他可以爱这东西，或者他也被这东西所爱。

6〔489〕 但是，属神的正义在我们自己的理性的判断中，确切地说作为**惩罚的**正义，向我们提出的要求就不仅同样高，而且要更高（因为原则是限制性的）。——因为**酬报**（praemium，remuneratio gratuita［酬报、白白的奖赏］）根本不与对那些对别的存在者只有义务而没有权利的存在者的正义相关，而仅仅与爱和行善（benignitas）相关；在这样一个存在者那里更不可能有报酬（merces）的要求，而一种**酬报的**正义（iustitia brabeutica）在上帝对人的关系中就是一个矛盾。

但是，一个不容对其目的有任何损害的存在者，在其正义之实施的理念中，毕竟有某种不太能与人对上帝的关系统一的东西，亦即可能施加于不受限制的和不可企及的世界统治者的一种**伤害**的概念；因为这里说的不是人们彼此间施加的、并且由上帝作为审判者来裁决的对法权的侵犯，而是据说上帝本身及其法权遭到的侵犯，这种侵犯的概念是**超验的**，也就是说，完全处在我们能够为之举出某个实例的一切惩罚正义的概念（亦即在人们中间的概念）之外，而且包含着越界的原则，这些原则根本不能与我们在经验情况中会使用的原则相一致，因而对我们的实践理性来说是完全空洞的。

一种属神的惩罚正义的理念在此被人格化了；不是一个特

殊的进行审判的存在者在实施这种正义（因为那样的话，就会出现这个存在者与法权原则的矛盾），而是**正义**就像是如同古代的哲理诗人的命运（厄运）一样还在朱庇特之上的实体（通常被称为**永恒的**正义），按照铁一般的、不可扭转的、对我们来说无法进一步探究的必然性作出判决。——现在举一些这方面的实例。

惩罚（按照贺拉斯的说法①）没有无视在它面前趾高气扬的罪犯，而是不停地紧跟着他，直至逮住他。——无辜地流出的血呼喊着复仇。——犯罪不能不受到报复；如果罪犯不受到惩罚，那么，其后代就必将付出代价；或者如果这不在他活着时 6〔490〕
发生，那就必然在他死后的一种生活②中发生，明确地接受并且乐于相信这些，为的是弥补永恒正义的要求。——“我不愿意让任何血债发生在我的国家，因为我赦免了一个变得邪恶的、你们为之求情的决斗者”，一位明智的君主曾经这样说道。——罪债必须偿还，而且就连一个完全无辜的人也应当献身作赎罪的牺牲品（无疑，这时他所承受的苦难真正说来不能叫做惩罚——因为他自己没有犯任何罪）；从这一切可以看出，不是有一个掌管正义的**人格**，人们赋予它这种判决权（因为它会不能如此宣判而不对他人行不义），而是纯然的正义，作为越界的、

---

① 《歌集》，Ⅲ，2，31－32：raro antecedentem scalestum deseruit pede Poena claudo［惩罚女神柏鄂娜尽管瘸脚也不放过前面的罪犯］。——科学院版编者注

② 在这里，就连为了把那种威胁着的惩罚表现为在实施中完备的，也不可以掺入关于一种来世生活的假说。因为人就其道德性来看，被评判为不遵循时间条件在一个超感性的审判者面前的超感性对象；这说的只是他的实存。他的尘世生活不论短暂还是长久，哪怕是永恒的，都只是他在显象中的此在，而正义概念不需要任何更详细的规定；就像真正说来也无须对一种来世生活的信仰先行，以便让惩罚正义在它上面看到自己的作用一样，而是毋宁说反过来，从惩罚的必然性推论到一种来世的生活。

设想给一个超感性主体的原则，在规定着这个存在者的法权；这虽然符合这个原则的**形式的东西**，但却与它的质料的东西，亦即总是作为人的幸福的目的相冲突。——因为如果总是这样续写其债务登记簿的罪犯出其意料地多，那么，惩罚的正义就不会把创造的**目的**设定在世界创造者的**爱**中（就像人们必然设想的那样），而是设定在对**法权**的严格遵循中（使法权本身成为被设定在上帝的**荣耀**中的**目的**），而既然后者（正义）只是前者（有效性）的限制性条件，这就显得与实践理性的原则相矛盾，
6〔491〕按照这些原则，一种提供一个与创造者的只能以爱为根据的意图相冲突的产品的创世就必定不会发生。

由此可见：在作为内在立法的纯粹实践哲学的伦理学中，只有**人**对**人**的道德关系对我们来说才是可理解的：但在上帝与人之间这方面存在怎样一种关系，却完全超出了伦理学的界限，而且对我们来说是绝对无法理解的；这就证实了上面所主张的：伦理学不能扩展到相互的人类义务的界限之外。

原文见《道德形而上学》，收入李秋零主编《康德著作全集》第 6 卷，作于 1797 年。

图书在版编目（CIP）数据

康德教育哲学文集：注释版/（德）康德著；李秋零译．—北京：中国人民大学出版社，2016.8
ISBN 978-7-300-18526-2

Ⅰ.①康… Ⅱ.①康… ②李… Ⅲ.①康德，Ⅰ.（1724—1804）-教育哲学-文集 Ⅳ.①G40-02

中国版本图书馆CIP数据核字（2016）第145529号

康德文集注释版
康德教育哲学文集（注释版）
［德］康德 著
李秋零 译注
Kangde Jiaoyu Zhexue Wenji

出版发行	中国人民大学出版社		
社　　址	北京中关村大街31号	**邮政编码**	100080
电　　话	010－62511242（总编室）		010－62511770（质管部）
	010－82501766（邮购部）		010－62514148（门市部）
	010－62515195（发行公司）		010－62515275（盗版举报）
网　　址	http://www.crup.com.cn		
	http://www.ttrnet.com（人大教研网）		
经　　销	新华书店		
印　　刷	涿州市星河印刷有限公司		
规　　格	160 mm×230 mm　16开本	**版　　次**	2016年8月第1版
印　　张	10 插页2	**印　　次**	2016年8月第1次印刷
字　　数	110 000	**定　　价**	29.80元